Extension - Entwicklung mit TYPO3 CMS V8.7.x

Dein Einsteigerbuch

von

Slavlee

Kevin Chileong Lee
http://www.slavlee.de

Extension - Entwicklung mit Typo3 CMS V8.7.x

Die Informationen in diesem Buch wurden mit größter Sorgfalt erarbeitet. Dennoch können Fehler nicht gänzlich ausgeschlossen werden. Der Verlag und Autor übernehmen keine juristische Verantwortung oder irgendeine Haftung für eventuell verbliebene Fehler und deren Folgen.

Kommentare und Fragen richten Sie bitte an folgende Kontaktmöglichkeiten:
http://www.slavlee.de/kontakt.html
support@slavlee.de

Mit dem Betreff: Buch: Extension - Entwicklung mit TYPO3 CMS V8.7.x.

Inhaltsverzeichnis

Vorwort

Willkommen zu meinem Buch: Extension - Entwicklung mit TYPO3 CMS V8.7.x. Mein Name ist Kevin Chileong Lee und das lernen Sie in diesem Buch:

1. Extension - Entwicklung mit Extbase und Fluid
2. MVC Modell in Extbase
3. Schreiben von Frontend- und Backend Plugins
4. Erstellen von Scheduler Tasks
5. Viele Best Practise Tipps sowie einen Crashkurs in der Objektorientierung.

Um diese Lerninhalte praktisch einzusetzen, werden wir ein Memoryspiel programmieren. Unser Memoryspiel enthält 6 Karten mit Landschaftsmotiven, welche bei korrekter Kombination verschwinden. Bei der Lösung des Memoryspiels erscheint ein Highscore Formular, welches via AJAX gespeichert wird.

Die fertige Version des Memoryspiels können Sie hier https://www.youtube.com/watch?v=-dfKnUyyHt0 ansehen und unter folgendem Link:
http://www.slavlee.de/amazon-buch-emtv87 herunterladen.

Dieses Buch ist was für Sie, wenn…

Sie bereits erste Erfahrungen in der PHP Programmierung gesammelt und mit der redaktionellen Arbeit mit TYPO3 vertraut sind. Interessieren Sie sich für die Extension - Entwicklung mit Extbase und Fluid und wissen nicht wo Sie anfangen sollen? Auch dann wird Ihnen dieses Buch sehr nützlich sein.
Dieses Buch ist für Einsteiger in der Extension - Entwicklung in Extbase und Fluid. Sie benötigen nicht zwangsweise Vorkenntnisse in der Programmierung von TYPO3 Extensions auf Basis von

piBase. Dieses Buch ist sehr praxisorientiert, alle Bereiche der Extension - Entwicklung werden sofort praktisch umgesetzt.
Der anfängliche theoretische Teil soll denjenigen helfen, die noch keine großen Vorkenntnisse zur Objektorientierung haben oder diese auffrischen wollen.

Dieses Buch ist nichts für Sie, wenn…

Sie bereits Extbase und Fluid kennen und weiterführende Inhalte suchen. Dann wird Ihnen dieses Buch vermutlich zu wenig Neues liefern.
Ich kann Sie lediglich auf meinen Blog verweisen, dort finden Sie auch weiterführende Quicktips und Tutorials. Gerne können Sie mir Vorschläge zu Themen liefern in denen Sie Ihre Kenntnisse vertiefen wollen.

KAPITEL 1
Crashkurs Objektorientierung und Namespaces

1.1 Was bedeutet Objektorientierung?

1.1.1 Entstehungsgeschichte

Die Objektorientierung hat die prozedurale Programmierung abgelöst. Früher hat man seine Algorithmen einfach niedergeschrieben. Man hat sehr viel mit globalen Variablen und Funktionen gearbeitet.
Auf dieser Weise hat man zwar sehr schnell kleine Projekte erledigt, man bekommt aber auch sehr schnell Probleme.
Die Kapselung von Funktionen wurde durch Auslagerungen in vielen Dateien und Präfixe in den Funktionsnamen gemacht. Durch die zunehmende Projektgröße wurde es immer schwieriger den Überblick zu behalten.

Diese Art von Programmierung war lange Zeit Standard in PHP. Ab PHP5 kam nun endliche die Objektorientierung dazu. Und mit PHP7 ist sie, meiner Meinung nach, erst so richtig angekommen,

1.1.2 Was ist Objektorientierung?

Die Objektorientierung ist dem menschlichen Denken nachempfunden. Wir Menschen erfassen Dinge als Ganzes und zerteilen es dann in seine Bestandteile. Betrachten wir beispielsweise ein Auto auf der Straße, dann müssen wir nicht erst die Autoteile, wie Reifen, Karosserie, Lenker etc. einzelnen erkennen, um daraus ein Auto zu erkennen. Wir erfassen es anhand von Merkmalen sofort als Auto.
Wir haben also feste Strukturen im Kopf, die wir im Laufe der Zeit gelernt haben und versuchen diese in der Welt wiederzufinden. Das ist auch der Grund wieso wir dazu neigen Muster zu sehen, wo es

eigentlich keine gibt. Zum Beispiel in Wolken oder in Fotografien in denen viele Leute Geistererscheinungen sehen wollen.

Darüber hinaus ist die Welt so aufgebaut, dass alles was wir sehen eine Einheit bildet und innerlich aus vielen Einzelteilen besteht, die alle ihre Aufgaben haben und teilweise miteinander kommunizieren. Beispiel Mensch:
Der Mensch besteht aus vielen Dingen, wie Muskeln, Knochen und Organe und diese Dinge bestehen abermals aus anderen Dingen usw. Und jeder dieser Dinge übernimmt seine Funktionen, das Auge sieht, das Ohr hört und die Muskeln setzen die Knochen in Bewegung. Das alles wird von der zentralen Einheit koordiniert: dem Gehirn.

Die reale Welt ist voller komplexer Objekte und die Objektorientierung macht nichts anderes als solche Objekte im Computer darzustellen.

Merkmale der Objektorientierung sind u.a.
1. Bildet die Realität auf Softwareebene ab (auch Abstrahierung genannt)
2. ein Container von Daten und Funktionen
3. Jedes Objekt ist autark

Dabei hält es komplexe Strukturen übersichtlich und stellt Beziehungen zwischen Objekten her. Man denkt nun nicht mehr in einzelnen Funktionen, sondern in Objekten die bestimmten Aufgaben übernehmen und mehrere Eigenschaften und Funktionen haben.

1.1.2.1 Beispiel 1

Objekt: Mensch
Eigenschaften: Kopf, Rumpf, Arme und Beine
Funktionen: Laufen, Springen, Gehen usw.

11

1.1.2.2 Beispiel 2

Objekt: Memory
Eigenschaften: Kacheln
Funktionen: Spiel starten, Spiel beenden, Highscore speichern

1.2 Was sind Namespaces?

Der Sprung von globalen Variablen und Funktionen nach Objekten war der erste Schritt. Dadurch erhält man eine hohe Anzahl von Objekten, die Eigenschaften und Funktionen kapseln. Man kann nun viele Objekte zu einem übergeordneten Thema gruppieren. In unserem Spiel gibt es unter anderem folgende Objekte:

1. Memory (die Extension)
    a. Kacheln (das Model [Classes/Domain/Model/Cards.php])
        i. Bild (FileReference [`$card`])
    b. Highscore (weiteres Model [Classes/Domain/Model/Highscore.php])

Diese Objekte bilden eine logische Einheit: Memory. Diese logische Einheit ist in unserem Beispiel durch die Extension abgebildet. Die Beschreibungen der Objekte stehen in einzelnen Dateien, die in bestimmten Ordnern gespeichert werden.

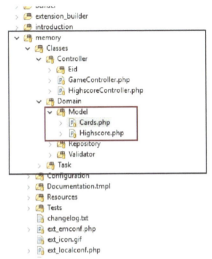

Abbildung 1: Verzeichnisstruktur

Mit Namespaces kann man diese Objekte in Pakete aufteilen und somit auch strukturell zu einer Einheit zusammenschließen.

```
namespace Slavlee\Memory;
```

Klassennamen müssen, wie globale Funktionen, eindeutig sein und dürfen nicht doppelt verwendet werden. Durch die Verwendung von Namespaces, können diese Klassennamen mehrfach verwendet werden, solange sie auf ihrer Ebene (Paket) im Namespacepfad eindeutig sind.

D.h. die Klasse:

```
class Memory {}
```

kann sowohl im Namespace: Slavlee\Memory\Core\Memory existieren, als auch in einem anderen Paket: Slavlee\Memory\Core2\Memory. Es liegt nur dann einen Fehler vor, wenn innerhalb eines Paketes eine Klasse mehrfach verwendet wird.
Dadurch kann man die Struktur anhand des Namespaces erkennen und man behält eine bessere Übersicht im Projekt.

Der Aufbau des Namespaces in TYPO3 ist nachfolgendem Prinzip aufgeteilt:

1. Name des Autors (Slavlee)
2. Extensionname (Memory)
3. Struktur ab dem Classes Ordner (Core\Memory)

1.3 Klassen in PHP

Eine Klasse ist eine Blaupause für ein Objekt. Es beschreibt seinen Aufbau durch Eigenschaften und Funktionen. Diese Klasse kann genutzt werden um ein Objekt zu bilden. Dieses Objekt wird auch Instanz einer Klasse genannt. Dieser Vorgang nennt man instanziieren.
Die Klasse selbst ist kein Objekt, sondern als Typ des Objektes zu verstehen.

Der Unterschied zwischen den Begriffen Klasse und Objekte ist sehr wichtig und dafür gibt es ein einfaches Beispiel, welches ich zur weiteren Verdeutlichung heranziehe.
Eine Klasse ist wie ein Backrezept. Dort stehen die Zutaten (Eigenschaften) und Arbeitsschritte (Funktionen). Das Ergebnis bei einem Rezept ist der Kuchen und bei einer Klasse das Objekt.

Den Vorgang aus einer Klasse ein Objekt zu machen nennt man instanziieren.

1.3.1 Deklaration einer Klasse

Eine Klasse wird wie folgt deklariert:

```
class Highscore
{
...
}
```

Die Reihenfolge der Eigenschaften und Funktionen innerhalb einer Klasse ist für den Computer irrelevant. Allerdings ist es sinnvoll eine einheitliche Struktur zu haben:

```php
class Highscore
{
    /* Eigenschaften */
    /* Funktionen*/
    /* zuerst die öffentlichen, dann die protected
    und am Ende die privaten Eigenschaften und
    Funktionen */
}
```

Bei der Deklaration von Eigenschaften und Funktionen gibt es jeweils folgende Sichtbarkeiten:
1. private
2. protected
3. public
4. static

Diese Sichtbarkeiten sind Teil der Vererbung und haben Einfluss auf den Zugriff auf diese Eigenschaften und Funktionen.

1.3.1.1 private

```php
/**
 * TRUE if the object is a clone
 *
 * @var bool
 */
private $_isClone = false;

/**
 * @var array An array holding the clean property values.
 * Set right after reconstitution of the object
 */
private $_cleanProperties = [];
```

Abbildung 2: private - Eigenschaften

15

Eigenschaften und Funktionen die als *private* gekennzeichnet werden, können nur innerhalb einer Klasse verwendet werden. Man kann weder von außen darauf zugreifen, noch kann dies eine abgeleitete Klasse tun.

Das ist sinnvoll für Eigenschaften die nicht gezielt verändert werden sollen, ohne dass die Klasse darüber informiert wird und darauf reagieren kann.
Funktionen die nur Hilfsfunktionen für andere Funktionen darstellen und deren Aufruf einen bestimmten Kontext erfordert, werden ebenfalls als **private** gekennzeichnet.

1.3.1.2 protected

```
/**
 * cardsRepository
 *
 * @var \Slavlee\Memory\Domain\Repository\CardsRepository
 * @inject
 */
protected $cardsRepository = null;

/**
 * highscoreRepository
 *
 * @var \Slavlee\Memory\Domain\Repository\HighscoreRepository
 * @inject
 */
protected $highscoreRepository = null;
```

Abbildung 3: protected - Eigenschaften,
memory/Classes/Controller/GameController.php

Eigenschaften und Funktionen die als *protected* gekennzeichnet werden, können innerhalb einer Klasse und von abgeleiteten Klassen verwendet werden.

Das ist sinnvoll für Eigenschaften deren Werte nur vor dem Zugriff von außen geschützt werden sollen. Bei Funktionen bietet sich *protected* an, wenn man Funktionalitäten allen abgeleiteten Klassen zur Verfügung stellen will.

Die Verwendung von *protected* sollte als Standard für alle Eigenschaften und Funktionen genutzt werden, wenn der Zugriff keine Überprüfung in allen abgeleiteten Klassen, siehe Vererbung (Kapitel 1.3.1.4., S. 18), braucht. Damit belässt man die Kontrolle innerhalb der Eltern- und Kindsklassen und ist vor direkt Zugriffen von außen geschützt.

1.3.1.3 public

```
/**
 * Returns the username
 *
 * @return string $username
 */
public function getUsername()
{
    return $this->username;
}

/**
 * Sets the username
 *
 * @param string $username
 * @return void
 */
public function setUsername($username)
{
    $this->username = $username;
}
```

Abbildung 4: public - Funktionen, memory/Classes/Domain/Model/Highscore.php

Auf Eigenschaften und Funktionen die als *public* gekennzeichnet werden, kann innerhalb einer Klasse, einer abgeleiteten Klasse oder direkt von außen zugegriffen werden. Das ist für Parameter und Funktionen sinnvoll die keine weitere Kontrolle, wie Validierungen, benötigen und es keinerlei Beschränkungen auf diese Eigenschaften und Funktionen geben soll.
In der PHP Programmierung sollte es nur in Ausnahmefällen Eigenschaften geben die als *public* gekennzeichnet werden.
In der PHP Programmierung wird der Typ einer Variablen dynamisch interpretiert. D.h. man weist einer Variablen eine Zahl als Wert zu, dann ist es eine Zahl. Weist man es danach einem Text zu, dann ist es ein *String* (Zeichenkette).

Auf der Ebene der Deklaration einer Eigenschaft in einer Klasse ist die Typisierung nicht möglich. Deswegen kann bei öffentlichen Zugriff auf einer Eigenschaft nicht sichergestellt werden, dass der Wert einen bestimmten Datentyp folgt. Das würde früher oder später zu Fehlern führen.

Um dies zu verhindern sollte man Eigenschaften immer *protected* oder *private* halten und den Zugriff von außen über *public* - Methoden erlauben.

1.3.1.4 Vererbung

Die Vererbung ist ein großes und wichtiges Thema in der objektorientierten Programmierung. Im Grunde sagt die Vererbung aus, dass eine Klasse Eigenschaften und Funktionen von einer anderen Klasse erben, also mitbenutzen und überschreiben kann.

```
/**
 * GameController
 */
class GameController extends \TYPO3\CMS\Extbase\Mvc\Controller\ActionController
{
    /**
```

Abbildung 5: Vererbung, memory/Classes/Controller/GameController.php

Die Klasse von der geerbt wird, nennt man auch die Elternklasse (Parent). Die Klasse die von einer Klasse erbt kann ebenfalls eine Elternklasse haben. Dieses Spiel kann unendlich fortgeführt werden. Eine Klasse kann nur eine Elternklasse haben. Allerdings vererben sich die *protected* und *public* Eigenschaften von allen Elternklassen auf die aktuelle Klasse weiter.

Mit der Vererbung kann man Basisklassen definieren, die Gemeinsamkeiten bestimmter Objekte kapseln. In unserem Beispiel:

```
Highscore
    1. Elternklasse:
        \Slavlee\Memory\Controller\GameController
            a. Elternklasse:
                \TYPO3\CMS\Extbase\Mvc\Controller\ActionCon
                troller
```

Zusätzlich gibt es noch spezielle Formen von Klassen von denen man erben kann:

1. abstrakte Klassen
2. Interfaces

1.3.1.4.1 Abstrakte Klassen

Eine abstrakte Klasse kann nicht instanziiert werden, sondern muss zunächst von einer Klasse abgeleitet werden und alle abstrakte Funktionen implementieren. Dadurch kann man Strukturen vorgeben.
Eine abstrakte Klasse kann auch nicht abstrakte Funktionen haben. Es könnte zum Beispiel eine abstrakte Klasse: **Mensch** geben. Der Mensch selbst hat bestimmte Eigenschaften und Funktionen wie laufen, springen, schwimmen etc.
Alle Menschen besitzen diese Eigenschaften, die Ausführung variiert aber von Mensch zu Mensch.
Frauen und Männer sind Menschen und erben von dieser abstrakten Klasse und implementieren die oben erwähnten Funktionen. Ralf und Loreen sind auch Menschen und sowohl Mann als auch Frau. D.h. Ralf erbt von Mann und Loreen erbt von Frau.

Die Klasse von Ralf und Loreen können nun die implementierten Vorgaben von Mann und Frau übernehmen oder diese überschreiben.

1.3.1.4.2 Interfaces

Interfaces sind ebenfalls Klassen von denen geerbt werden kann. Ähnlich wie abstrakte Klassen können sie nicht alleine stehen und müssen von einer Klasse vererbt werden. Bei Interfaces spricht man jedoch nicht von erben, sondern von implementieren.
Interfaces bestehen aus nicht implementierten Funktionen und haben keine Eigenschaften. Dadurch ist es möglich einer Familie von Klassen eine Struktur vorzugeben.

In unserem Beispiel könnte die Klasse: Mensch ein Interface mit folgenden Funktionen sein:

- atmen
- laufen
- springen
- schlafen etc.

Wenn nun eine Klasse das Interface Mensch implementiert, dann muss es diese Funktionen implementieren.

Mit abstrakten Klassen und Interfaces kann man nicht nur Funktionalitäten teilen, sondern den Programmierern die Arbeit deutlich vereinfachen. Zum Beispiel bei TYPO3 *Validators*. Alle *Validators* haben eine Funktion: `validate()` um die Überprüfung von Daten zu starten. D.h. jeder Programmierer weiß, dass man bei allen Validatoren, unabhängig davon wie verschieden sie sind, nur die *validate* - Funktion aufrufen muss, um eine Überprüfung von Daten anzustoßen. Diese Vorgabe ist zwingend, da der PHP - Parser nicht zulassen wird, dass jemand nicht die Funktion `validate()` implementiert.

```php
/**
 * Contract for a validator
 *
 * @api
 */
interface ValidatorInterface
{
    /**
     * Checks if the given value is valid according to the validator, and returns
     * the Error Messages object which occurred.
     *
     * @param mixed $value The value that should be validated
     * @return \TYPO3\CMS\Extbase\Error\Result
     * @api
     */
    public function validate($value);

    /**
     * Returns the options of this validator which can be specified in the constructor
     *
     * @return array
     */
    public function getOptions();
}
```

Abbildung 6: ValidatorInterface

20

Das Interface gibt dabei nur vor, dass es eine solche Funktion geben muss, die Implementierung und somit die genaue funktionsweise ist jeder Klasse selbst überlassen.

1.3.1.5 Strukturempfehlung

Da es keine zwingenden Vorgaben über die Reihenfolge von Eigenschaften und Funktionen gibt ist es sinnvoll eine Klasse zu strukturieren. Hier sehen Sie die von mir genutzte Struktur:

```php
GameController.php
 1  <?php
 2  declare(strict_types=1);
 3  namespace Slavlee\Memory\Controller;
 4
 5  /***
 6   *
 7   * This file is part of the "Memory" Extension for TYPO3 CMS.
 8   *
 9   * For the full copyright and license information, please read the
10   * LICENSE.txt file that was distributed with this source code.
11   *
12   *  (c) 2017 Kevin Chileong Lee &lt;support@slavlee.de&gt;, Slavlee
13   *
14   ***/
15
16  /**
17   * GameController
18   */
19  class GameController extends \TYPO3\CMS\Extbase\Mvc\Controller\ActionController
20  {
21      /**
22       * cardsRepository
23       *
24       * @var \Slavlee\Memory\Domain\Repository\CardsRepository
25       * @inject
26       */
27      protected $cardsRepository = null;
28
29      /**
30       * highscoreRepository
31       *
32       * @var \Slavlee\Memory\Domain\Repository\HighscoreRepository
33       * @inject
34       */
35      protected $highscoreRepository = null;
36
```

Abbildung 7: Strukturempfehlung in Klassen,
memory/Classes/Controller/GameController.php

In der ersten Zeile aktiviere ich den PHP Strict Mode, siehe Coding Guidelines (Kapitel 2, S.28). Danach kommt die Namespace Angabe, gefolgt vom Copyright Kommentarblock mit den nötigsten Informationen.

Nach dem Copyrighthinweis folgt die Klassenangaben mit Kommentarblock.

Jede Klasse ist wie folgt strukturiert:
1. Eigenschaften
   a. sortiert nach *public*, *protected* und *private*
2. Funktionen
   a. Gruppierung durch Kommentarblöcke (START und ENDE)

Die Gruppierungen können sie beispielhaft auf den folgenden Screenshots sehen:

```
37
38      /**********************************************************
39       * ACTION - START
40      **********************************************************/
41      /**
42       * action list
43       *
44       * @return void
45       */
46      public function boardAction()
47      {
48          $cards = $this->cardsRepository->findAll()->toArray();
49          $duplicates = $this->cardsRepository->findAll()->toArray();
50          $cards = array_merge($cards, $duplicates);
51          shuffle($cards);
52          $this->view->assign('cards', $cards);
53          $this->view->assign('saveHighscoreUrl', $this->CreateEidUrl('GameEidController::Save
54          $this->view->assign('pid', $this->settings['storagePid']);
55
56          // uncomment for OO - Crashcourse (public, protected, private, static)
57 //         $newHighscore = $this->objectManager->get('Slavlee\\Memory\\Domain\\Model\\Highsc
58 //         $newHighscore2 = $this->objectManager->get('Slavlee\\Memory\\Domain\\Model\\Highs
59 //         $newHighscore3 = \Slavlee\Memory\Domain\Model\Highscore::getInstance();
60 //         debug($newHighscore->__toString());
61      }
62
```

Abbildung 8: Gruppierungen in einer Klasse Teil 1, memory/Classes/Controller/GameController.php

```
63
64    /**
65     * Save highscore (AJAX)
66     * @param \Slavlee\Memory\Domain\Model\Highscore $newHighscore
67     * @return void
68     * @validate $highscore \Slavlee\Memory\Domain\Validator\HighscoreValidator
69     */
70    public function saveHighscoreAction(\Slavlee\Memory\Domain\Model\Highscore $highscore)
71    {
72        $this->highscoreRepository->add($highscore);
73        $jsonResponse = [
74            'state' => 'success'
75        ];
76        $this->view->assign('json', json_encode($jsonResponse));
77    }
78
79    /********************************************************************
80     * ACTION - END
81     ********************************************************************/
```

Abbildung 9: Gruppierungen in einer Klasse Teil 2,
memory/Classes/Controller/GameController.php

```
82    /********************************************************************
83     * HELPER - START
84     ********************************************************************/
85    /**
86     * Create the url string for jquery-slavleeCom.js
87     * @param string $inEidName
88     * @param string $inArgumentName
89     * @param array $inAArguments
90     * @return string
91     */
92    protected function CreateEidUrl($inEidName, $inArgumentName = null, array $inAArguments =
93    {
94        $aArguments = ['eID' => $inEidName];
95
96        if ($inArgumentName)
97        {
98            $aArguments[$inArgumentName] = $inAArguments;
99        }
100
101        $uriBuilder = $this->controllerContext->getUriBuilder();
102        $uriBuilder->reset();
103        $uriBuilder->setTargetPageUid($GLOBALS['TSFE']->id);
104        $uriBuilder->setArguments($aArguments);
105
106        return $uriBuilder->build();
107    }
108    /********************************************************************
109     * HELPER - END
110     ********************************************************************/
111 }
112
```

Abbildung 10: Gruppierungen in einer Klasse,
memory/Classes/Controller/GameController.php

1.4 Entwurfsmuster

Entwurfsmuster sind ein wichtiger Bestandteil der Softwaretechnik.
Sie standardisieren Verfahren die zur Problemlösung dienen. In der
Programmierung versucht man so viel wie möglich zu vereinfachen

und wiederverwendbar zu machen. Das spart Zeit und erhöht die Qualität des Quellcodes. Das beginnt mit dem Schreiben von wiederverwendbaren Funktionen und Klassen und endet mit der Softwarearchitektur.

Ein Entwurfsmuster beschreibt den Aufbau einer Software und standardisiert bestimmte Bereiche.

Es gibt sehr viele Entwurfsmuster, das bekannteste ist das Model View Controller (MVC).

1.4.1 Model View Controller

Das MVC Modell steht für Model, View und Controller. Es beschreibt grob, wie die Software aufgebaut sein soll und gibt vor sie in drei Teilen zu gliedern. Diese Aufteilung hat viele Vorteile. Zum einen können diese Bereiche durch eine konsequente Trennung besser ausgetauscht werden. Zum anderen wird die Teamarbeit erst möglich. Dadurch können auch in großen Projekten mehrere Teams einzelne Komponenten getrennt voneinander erstellen und später zusammenführen. Das einzige was kommuniziert werden muss, ist das Kommunikationsprotokoll zwischen diesen Bereichen.

Eine Zusammenarbeit in einem MVC Modell kann wie folgt aussehen:

Die Datenbankprogrammierer optimieren die Datenbankabfragen (*Model*), Programmierer mit den Spezialkenntnissen in der Backendprogrammierung sind Teil des *Controller* Teams und die Frontendentwickler arbeiten an der *View*.

Deshalb muss eine Verwässerung dieser Struktur vermieden werden.

1.4.1.1 Model

Model stellt den Datenbankteil der Software dar. Jedes Model repräsentiert eine Datenbanktabelle. Eine Datenbanktabelle hat bestimmte Eigenschaften. Diese Eigenschaften und notwendige Funktionen zum Zugriff und Änderungen dieser Eigenschaften werden im Model beschrieben.

TYPO3 nutzt über das Framework Extbase diese Struktur indem es zu jedem *Model* eine Klasse erzeugt bzw. erwartet. Das Speichern der Daten von einem *Model* übernimmt eine sogenannte *Repository*. Jede Datenbanktabelle hat seine eigene *Repository*.

Das Model sollte so aufgebaut sein, dass das Datenbanksystem austauschbar ist. Das heißt das keine Funktionen geschrieben werden die speziell auf ein Datenbanksystem zugeschnitten ist, indem es beispielsweise spezielle Datenbankbefehle nutzt.
Um das sicherzustellen nutzt Extbase Doctrine.
Doctrine ist eine Sammlung von PHP Bibliotheken um Datenbankabfragen zu erzeugen. Dabei stellt Doctrine sicher, dass diese Abfragen mit dem folgenden Datenbanksystem kompatibel sind:

- MSSQL
- Oracle
- Postgres
- MySQL

Das Model muss nun die Daten aus der Datenbank so vorbereiten, dass sie von *Controller* und *View* ohne weitere Verarbeitung weiterverwenden können. Umgekehrt muss dafür Sorge getragen werden, dass die Daten aus dem Controller und der View so aufbereitet werden, dass das Datenbanksystem befüllt werden kann.

1.4.1.2 View

Die *View* umfasst alle Prozesse die für die Anzeige der Daten notwendig sind. Im Web ist das der Frontendteil und wird in der Regel von Designer mittels HTML oder im Bereich von TYPO3 Extensions über Fluid umgesetzt.
Dieser Teil hat in der modernen Webentwicklung einen sehr hohen Standard, da die Software immer komfortabler in der Bedienung sein muss. Deswegen nutzt dieser Bereich verschiedene Bibliotheken und Technologien, wie AJAX.

Die *View* besteht oftmals aus immer wiederkehrenden Bereichen.
Diese können und sollen ausgelagert werden. Durch die
Auslagerung können diese Bereiche schneller eingefügt werden und
zentral gepflegt werden. Das lässt sich in Fluid über *Partial* und
Layout regeln. Das *Layout* beschreibt den Rahmen der Extension
oder der Webseite. Ein *Partial* beschreibt ein Teil der Templates,
z.B. ein Formular, ein Menü oder ein Widget.

Die Hierarchie sieht wie folgt aus:
1. Layout
2. Template
3. Partial

1.4.1.3 Controller

Der Controller ist der Mittelsmann zwischen *Model* und *View*. Man
spricht hier auch von der Programmlogik. In der Extension -
Entwicklung wird der Controller vom TYPO3 CMS aufgerufen.
Dieser stößt dann Prozesse an, Daten aus der Datenbank über das
Model auszulesen oder zu schreiben. Daten die aus dem *Model*
gelesen werden leitet der *Controller* für die Anzeige im Frontend an
die *View* weiter.
Viele Programmierer neigen dazu den *Controller* aufzublähen. Das
heißt alle Hilfsfunktionen in diesen Controller zu schreiben. Das
muss vermieden werden, da man sonst den Überblick verliert.
Darüber hinaus ist durch Aufteilung der Hilfsfunktionen in eigenen
Klassen (sogenannte Utility – Klassen) wesentlich sinnvoller. Diese
Klassen lassen sich im Gegensatz zu den Controllern
standardisieren und sind dadurch projektübergreifend
wiederverwendbar.
Es ist oftmals notwendig die Rohdaten aus der Datenbank für den
Controller vorzubereiten. Das können weitere Sortiermaßnahmen
oder strukturelle Aufteilungen sein.
Das Ziel sollte sein, den Controller so schlank wie möglich zu halten
und alle notwendigen Prozesse im Model vorzunehmen.
Je größer der Controlleranteil in der Software wird, desto größer ist
die Gefahr eines sogenannten **Spaghetticodes**. Dieser ist so

verschachtelt, dass man ihn nicht mehr lesen oder nachvollziehen kann. Ein Controller delegiert und arbeitet nicht.
Deswegen spricht man in der Informatik von: „Big Model and Small Controllers".

KAPITEL 2

Coding Guidelines

Coding Guidelines sind Konventionen für die Programmierung, die eingehalten werden sollten. Das betrifft beispielsweise die Einrückung im Code, die Struktur der Klassen (siehe oben) oder wann welche Schleife genutzt werden sollte. Im Prinzip lässt sich hier alles definieren.

Die Programmierung hat viele Tools und man kann diese Tools unterschiedlich nutzen. In der Praxis kristallisiert sich oft ein empfohlener Umgang heraus.
Diese Erfahrungswerte, die auch manchmal etwas abweichend von der ursprünglichen Nutzung sind, nennt man **Best Practise**.

Coding Guidelines werden in jedem professionellen Team genutzt. Sie sind wichtig damit ein Qualitätsstandard gehalten werden kann. Darüber hinaus können die Programmierer Quelltexte anderer Programmierer schneller erfassen, kontrollieren und weiterführen.

2.1 Die wichtigsten Punkte der TYPO3 Coding Guideline

Ich möchte hier eine Sammlung der mir wichtigsten Punkte der TYPO3 Coding Guideline vorstellen.

2.1.1 PHP file formatting

2.1.1.1 PHP tags

Jede PHP Datei fängt mit dem Öffnungstag des PHP Codes an und aktiviert den Strict Mode:

```php
<?php
declare(strict_types=1);
// File content goes here
```

Dieser zwingt den Programmierer die PHP Variablen Datentypen zuzuweisen und deaktiviert die dynamische Typisierung in PHP. Die Typisierung der Variablen ist sehr wichtig, da es immer wieder zu Fehlern kommt, die absolute vermeidbar sind. Das ist besonders in PHP wichtig, da PHP die Typisierung sonst dynamisch ist. D.h. eine Variable kann Werte von beliebigen Datentypen enthalten, welche sich zur Laufzeit beliebig ändern können. Das mag praktisch sein, ist jedoch sehr unsicher. Da unterschiedliche Datentypen auch unterschiedlich überprüft und behandelt werden müssen.

2.1.1.2 Character Set: UTF-8

Kodierungsfehler sind sehr häufig und führen oft dazu, dass Umlaute falsch angezeigt werden. Um diesen Fehler zu vermeiden, sollte man UTF-8 auf allen Ebenen nutzen.
Das fängt mit der Datenbank an und hört mit der Codierung der PHP Datei auf.

2.1.2 Dateistruktur

Jede PHP Datei ist wie folgt aufgebaut, wobei nicht genutzt Bereiche einfach weggelassen werden können:

1. Opening PHP tag (including strict_types declaration)

2. Namespace

3. Copyright notice

4. Included files

5. Class information block in phpDoc format

6. PHP class

7. Optional module execution code

Einen Auszug wie das aussehen kann, können Sie in den oberen Screenshots zur meiner Strukturempfehlung (Kapitel 1.3.1.5, S. 21) sehen.

2.1.3 PHP syntax formatting

Benennungen von Variablen ist ein wichtiges Thema. Besonders da es immer noch sogenannte Programmierer gibt die ihre Variablen und Funktionen keine sinnvollen Namen geben. Das macht es nicht nur für andere schwieriger den Code nachzuvollziehen, sondern auch für die Autoren selber. Wenn diese nach ein paar Monaten wieder in diesem Code arbeiten, dann werden sie Mühe haben Ihren Code zu verstehen. Statt 1-2 Sätze als Kommentar zu lesen, müssen sie mühselig ihren Code interpretieren. Je komplexer der Code desto wichtiger sind Kommentare.
In der Programmierung gilt grundsätzlich: **Namen haben Bedeutungen**.

Jede Variable und Funktion wird in camelCase mit einem Anfangsbuchstaben geschrieben. Das bedeutet, dass bis auf den ersten Buchstaben jedes weitere neue Wort mit einem Großbuchstaben geschrieben wird.

Beispiele:
```php
$authorName
$currentHighscore
function saveNewHighscore($inFNewHighscore);
```

Zu den TYPO3 eigenen Empfehlungen bezüglich der Benennung, empfehle ich noch folgende Präfixe:

1. h - für Handle/Resource pointer
2. b - für boolean Werte
3. a - für Array
4. i - für Integer/Number
5. f - für Floats
6. func - für Funktionen
7. std - für stdClass/Objects

Darüber hinaus können Sie dem Funktionsparameter immer das Präfix: **in** oder **out** davorstellen. Das Präfix: **in** ist für

Eingangsparameter die via “Call by value” übergeben werden. Und das Präfix: **out** steht für Eingangsparameter die via “Call by reference” übergeben werden und somit einen Wert zurückgeben.

“Call by value” ist die Standardverhalten:

CallByValue.php   CallByReference.php

```
1  <?php
2  /**
3   * Call by value example
4   * @author Kevin Chileong Lee
5   * @copyright (c) 2017. Kevin Chileong Lee
6   */
7  class StringChanger
8  {
9      function changeString($inString)
10     {
11         $inString = 'changed';
12     }
13 }
14
15 $string = "Slavlee";
16 $stringChanger = new StringChanger();
17 $stringChanger->changeString($string);
18 echo $string;
```

Abbildung 11: Call by value

Der “Call by value” Aufruf ist das Standardverhalten. In Zeile 17 übergeben wir der Methode unsere Variable: `$string` mit dem Wert: `Slavlee`. Dieser String wird in der Funktion: `changeString` (Zeile 11) einem neuen Wert zugewiesen.

Das Ergebnis wird unverändert `Slavlee` sein. Mit der Übergabe als “Call by value” wird eine neue Kopie des Strings erstellt, welche nur innerhalb der Funktion: `changeString` gültig ist.

Call by reference:

CallByValue.php | CallByReference.php

```php
1  <?php
2  /**
3   * Call by value example
4   * @author Kevin Chileong Lee
5   * @copyright (c) 2017. Kevin Chileong Lee
6   */
7  class StringChanger
8  {
9      function changeString(&$inString)
10     {
11         $inString = 'changed';
12     }
13 }
14
15 $string = "Slavlee";
16 $stringChanger = new StringChanger();
17 $stringChanger->changeString($string);
18 echo $string;
```

Abbildung 12: Call by reference

In diesem Beispiel ist alles gleich bis auf die Angabe im Eingangsparameter in der Funktion: changeString in der Zeile 9. Dort haben wir ein kaufmännisches „Und“ der Variablen vorangestellt. Das bewirkt, dass diese Variable als Referenz behandelt wird. Es wird keine neue Kopie erstellt, sondern man arbeitet mit dem gleichen String der übergeben wird weiter. Dadurch hat jede Änderung des Eingangsparameters: `$inString` auch eine Änderung der Variablen: `$string` zur Folge.
In diesem Beispiel wird `changed` ausgegeben.

Probieren Sie es einmal aus.

Die Eingangsparameter sollten immer typisiert werden, d.h. deren Datentypen vorangestellt werden. Das geht nicht für jeden Datentyp, aber beispielsweise für Arrays, Booleans oder Klassen ist es möglich:

```
P Typisation.php ⊠
 1  <?php
 2  function setUserList(array $aInUserlist)
 3  {
 4      ....
 5  }
 6
 7  function setUser(\Slavlee\TypisationExample\Model\User $inUser)
 8  {
 9      ....
10  }
```

Abbildung 13: Typisierung von Eingangsparameter

Das hat den Vorteil das der PHP – Parser automatisch überprüfen kann, ob die Werte der Variable mit dem Typ übereinstimmt.

2.1.3.1 Weitere Konventionen

Arrays
Arrays werden ab PHP 7 nicht mehr mit: `$listOfAllTiles = array();`
erstellt, sondern in der Kurzform: `$listofAllTiles = [];`

for - Schleifen
Viele Schreiben, sowie auch ich zu Beginn, ihre for - Schleifen so:

```
for (var $i = 0; $i < count($listOfAllTiles); $i++)
{
    ...
}
```

Das Problem dabei ist, dass man für verschaltete for - Schleifen immer andere Buchstaben nehmen muss und irgendwann hat man Schwierigkeiten zu verstehen, was `$i` genau bedeutet. Auch hier empfehle ich sinnvolle Namen zu vergeben.
Darüber hinaus ist die Nutzung von `count()` innerhalb der for - Schleife nicht sehr performant, da die Zählung bei jedem Durchlauf neu berechnet wird. Besser ist es also die for - Schleife wie folgt aufzubauen:

```
var $countOfAllTiles = count($listOfAllTiles);
```

```
for (var $indexOfAllTiles = 0; $indexOfAllTiles <
$countOfAllTiles; $indexOfAllTiles++)
{
     ...
}
```

deprecated

Klassen und Funktionen die als *deprecated* markiert sind sollten umgehend ersetzt werden. Die Annotation *deprecated* bedeutet nicht, dass man noch Zeit hat diese Änderung vorzunehmen, sondern dass man es beim Schreiben vom Code nicht mehr verwenden und sofort ersetzen sollte!

Der Zeitvorsprung gilt lediglich für bereits geschriebene Anwendungen in Verbindung mit einem PHP Update. Beim Schreiben von neuen Codes sollten diese Klassen und Funktionen nicht mehr genutzt werden. Es gibt für jede *deprecated* Klasse und Funktion immer einen Ersatz oder alternative Implementierung. Diese können sie in der Regel in der Dokumentation der veralteten Funktion nachlesen.

2.1.4 phpDoc

Die Praxis zeigt, dass die Dokumentation von Codes wohl zu den unbeliebtesten Tätigkeiten eines Programmierers gehört. Allerdings ist es dringend notwendig, um dauerhaft erfolgreich zu sein. Wenn man alleiniger Autor seiner Anwendungen ist, fällt das oft erst später ins Gewicht, aber irgendwann holt es jeden ein.

Es muss nur genug Zeit vergehen oder ausreichend viele Projekte parallel betreut werden, bis man bereut seinen Code nicht dokumentiert zu haben.

Ein Teil der Dokumentation ist bereits durch die korrekte Benennung von Variablen, Funktionen und Klassen getan. Das haben Sie bereits kennengelernt und haben den ersten Schritt in einer konfliktfreien Programmierung gemacht.

Ein weiterer wichtiger Bestandteil sind die Annotationen, welche mit modernen Tools automatisch zu einer Dokumentation in HTML Form generiert werden können - das phpDoc. In Extbase werden

Annotationen auch dazu verwendet den Extbase Parser zu steuern und Anweisungen zu geben. Zum Beispiel ob eine Variable mit einer Klasse validiert werden soll oder ob es ein Pflichtfeld ist. Die Annotationen stehen immer in einem Kommentarblock. Folgende Annotationen sind gängig:

1. @param - für Eingangsparameter
2. @return - für Rückgabewerte in Funktionen
3. @see - Hinweise auf externe Dokumentationen
4. @deprecated - für veraltete Funktionen und Klassen
5. @validate - für Eingangsparameter die validiert werden sollen
6. @lazy - für Eigenschaften in einer Klasse, die eine Instanz einer Klasse repräsentieren, welche erst dann initialisiert werden soll, wenn sie gebraucht werden
7. @author - Autor der Datei
8. @version - Version der Datei
9. @copyright - die Copyright Zeile

Die komplette Coding Guideline von TYPO3 finden Sie hier: https://docs.typo3.org/typo3cms/CodingGuidelinesReference/PhpFileFormatting/GeneralRequirementsForPhpFiles/Index.html

2.1.5 Best Practises

QueryBuilder

Falls es nötig sein sollte manuelle Datenbank Abfragen zu formulieren, dann wird nicht länger die Variante über `$GLOBALS['TYPO3_DB']` genutzt. Diesen alten Zugriff den es schon seit Version 4 gab, ist endlich abgelöst. Zwar gibt es diese Schnittstelle noch, aber es ist nur eine Frage der Zeit bis auch diese Variante aus dem CMS verschwindet.

Die bessere Variante ist der QueryBuilder. Der Querybuilder nutzt Doctrine und ermöglicht Datenbankabfragen auf sogenannter "High-Level" - Ebene zu formulieren. Das bedeutet das nicht direkt ein SQL Code geschrieben werden muss, wie es bei komplexeren

Abfragen mit den alten Schnittstellen der Fall war. Sondern allein durch Aufrufen von Funktionen werden SQL Abfragen automatisch generiert.

Die "High-Level" - Ansätze sind generell sicherer und langfristig kompatibler, da man die Generierung der SQL Codes dem Framework überlasst. Dadurch wird gewährleistet, dass alle nötigen Sicherheitsmechanismen umgesetzt werden und eventuelle Lücken oder Optimierungen an zentraler Stelle durch die Autoren vorgenommen werden können.

So bleibt das TYPO3 CMS auch durch Extensions sicher, sofern alle Programmierer sich an die Coding Standards und Best Practise Lösungen halten.

Beispiel:

```
//Doctrine
$NewQuery = $this->createQuery();
$NewQuery->matching(
    $NewQuery->logicalAnd(
        $NewQuery->equals('owner', $userId),
        $NewQuery->equals('blockUser', $attendeeId)
    )
);
return $NewQuery->execute()->current();

//$GLOBALS['TYPO3_DB']
return $GLOBALS['TYPO3_DB']->exec_SELECTgetRows(
    '*',
    'tx_slavleecommunications_domain_model_slavleecomuserblockuser',
    'owner = ' . $GLOBALS['TYPO3_DB']->quoteStr(
        $userId,
        'tx_slavleecommunications_domain_model_slavleecomuserblockuser'
    ) . ' AND ' .
    'blockUser = ' . $GLOBALS['TYPO3_DB']->quoteStr(
        $attendeeId,
        'tx_slavleecommunications_domain_model_slavleecomuserblockuser'
    )
);
```

Abbildung 14: Querybuilder

KAPITEL 3
Erstellung und Konfiguration einer Extension

Die trockene Theorie ist vorbei!

In diesem Kapitel wollen wir besprechen, wie man in TYPO3 CMS V8.7.x Extensions programmiert. Jede Extension hat den gleichen Grundaufbau damit die Extension von TYPO3 erkannt werden kann. Da die Basis immer gleich ist, bietet es sich an Tools zu verwenden die diese Basis automatisch generieren.
In der freien Repository gibt es den sogenannten: "Extension Builder".

3.1 Extension Builder

Der Extension Builder ist eine TYPO3 Extension die mit einem visuellen Editor ermöglicht die Grundstruktur einer TYPO3 Extension zu erstellen. Damit nicht genug, kann man über diesen Editor auch die Models und somit die Datenbankstruktur erstellen.

3.1.1 Installation

Für die Installation wechseln wir ins TYPO3 Backend und dort zum Modul: Extension Manager

Abbildung 15: Extension Manager Menüpunkt

Dort wechseln wir im oberen Dropdown - Menü auf: „Get Extensions" und suchen nach "Extension Builder".

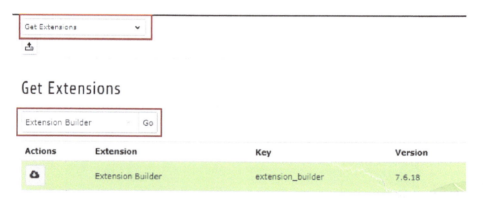

Abbildung 16: Extension Builder installieren

Leider gibt es den Extension Builder in keiner stabilen Version. Die momentan verfügbare Version 7.6.18 (Stand: 26.01.2018) ist offiziell nicht kompatibel mit der Version 8 von TYPO3. Jedoch gibt es momentan keine bekannten Sicherheitslücken und die Extension funktioniert, von ein paar Anpassungen abgesehen, einwandfrei auch unter Version 8. Somit ist die Nutzung unbedenklich und man kann den Versionshinweis bestätigen.

Extension - Entwicklung mit Typo3 CMS V8.7.x

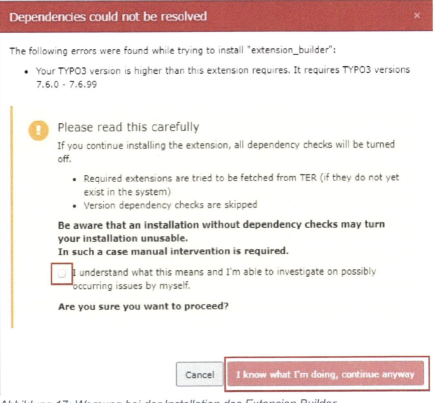

Abbildung 17: Warnung bei der Installation des Extension Builder

39

3.1.2 Der visuelle Editor

Nach der Installation steht ein neues Backend Modul bereit:
"Extension Builder".

Abbildung 18: Extension Builder Menüpunkt

Wir wechseln im rechten oberen Dropdown - Menü auf "Domain Modeling"

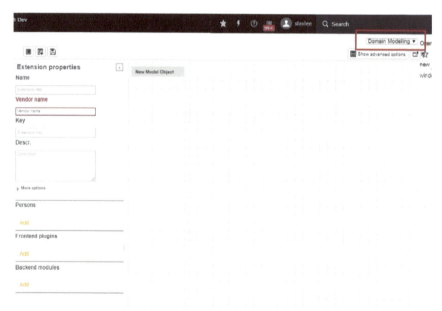

Abbildung 19: Extension Builder Oberfläche

Wir erhalten die Zentrale dieser Extension und die Maske zur Erstellung einer TYPO3 Extension.

Auf der linken Seite gibt man die formellen Daten an: Name, Autoren, Version und Beschreibung. Ebenfalls definierbar sind die zu nutzenden Frontend Plugins.

Eine Extension für TYPO3 kann sehr unterschiedlich sein. Prinzipiell ist die Schnittstelle der Extensions sehr flexibel und man kann auf so ziemlich alles in TYPO3 Einfluss nehmen. Zum Beispiel können neue Inhaltselemente, Seitentemplates und Backend Module erstellt werden. Es ließe sich auch die Ausgabe die vorhandenen Inhaltselemente ändern.

In unserem Fall verzichten wir auf ein typisches "Hello World" - Programm. Wir wollen etwas erstellen was mehr Spaß macht. Aus diesem Grunde erstellen wir in diesem Buch ein kleines Memoryspiel.

Das Memoryspiel wird aus 8 Karten mit jeweils 4 Motiven und einem Highscoreformular zur Speicherung des Highscores bestehen. Das beigefügte jQuery Plugin übernimmt die Interaktion mit den Karten.

Wir beginnen mit einem Frontend Plugin.

3.1.3 Wichtiger Hinweis zu Beginn

Ich empfehle Ihnen das Memoryspiel gemeinsam mit diesem Buch Stück für Stück aufzubauen. Dabei sollten Sie das fertige Produkt nicht in der TYPO3 Umgebung installiert haben, in der Sie dieses Memoryspiel selbst aufbauen. Ansonsten wird es zu einem Namenskonflikt kommen. Alternativ können Sie einen anderen Vendor und Extension Namen wählen. Allerdings ist es dann schwerer dem Buch zu Folgen und Sie können den Code nicht 1:1 vergleichen.

Die in diesem Buch platzierten Bilder sind aus einer englischen Umgebung. Deshalb empfehle ich Ihnen die Sprache des TYPO3 Backend auf Englisch zu stellen.

Die Sprache des Backends können Sie in den
Benutzereinstellungen umstellen:

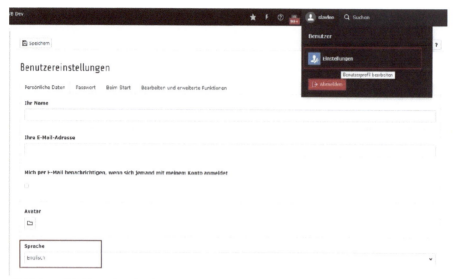

Abbildung 20: Sprache des Backends umstellen

3.1.4 Eingabe der Extensiondaten

Wir beginnen mit der Eingabe der Eigenschaften. Das sieht wie folgt
aus:

Abbildung 21: Eingabe der Extensiondaten

Am besten speichern sie jetzt die Extension mit dem
Diskettensymbol ab, damit im Laufe der Session nichts verloren

geht. Die Dialoge die erscheinen können Sie bestätigen. Die Extension ist weder installiert noch aktiv.

3.1.5 Modellierung der Datenbank

Auf der rechten Seite ist das eigentliche Modellierungsfenster. Mit dem Button "New Model Object" können Sie ein neues Model erstellen. Dazu per "Click, Drag and Drop" von diesem Button das folgende Model "herausziehen":

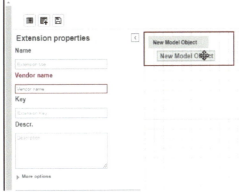

Abbildung 22: Neues Model per Drag & Drop

Wir benötigen zwei Models für unser Memoryspiel:
1. Cards
2. Highscore

Das Cards - Model enthält die Daten unserer Karten. Das sind in unserem Fall die Motivbilder der einzelnen Karten. Das Highscore - Model enthält die Highscoredaten der gespielten Spiele.

Abbildung 23: Cards und Highscore Model

43

Ein Model repräsentiert eine PHP Klasse und mindestens eine Datenbanktabelle. Bei der Namensgebung ist die camelCase - Schreibweise Pflicht.
Damit uns gleich alle Felder zur Verfügung stehen, aktivieren sie im rechten oberen Teil die Funktion: "Show advanced options".

Abbildung 24: Show advanced options

3.1.5.1 Domain object settings

Wir konfigurieren zunächst alle „Domain object settings" von allen Models.

Is aggregate root?

Die aggregate root Funktion bewirkt, dass für dieses Model ein eigenes Repository erzeugt wird.
Models die ein fester Bestandteil, also Eigenschaft, von anderen Models sind und alleine nicht existieren können, sind kein aggregate root. Im Zweifel aktivieren Sie diese Option. Sie haben dadurch keinen Nachteil.

Enable sorting?

Diese Checkbox ermöglicht es die Datensätze im TYPO3 Backend manuell zu sortieren.

Add deleted field?

Mit der Aktivierung werden Datensätze die sie im Backend oder via Repository löschen nicht aus der Datenbank entfernt, sondern zunächst als gelöscht markiert. Diese können aus dem Papierkorb wiederhergestellt werden.

Add hidden field?

Falls Datensätze ausblendbar sein sollen, dann aktivieren sie dieses Feature.

Add starttime/endtime fields

Diese Funktion ermöglich es Ihnen ein Start- und Enddatum für einen Datensatz anzugeben. Dieser Datensatz wird dann im Frontend bzw. aus der Repository nur in der angegebenen Zeitspanne angezeigt/ausgelesen.

Die Einstellungen aller „Domain object" Einstellungen sehen wie folgt aus:

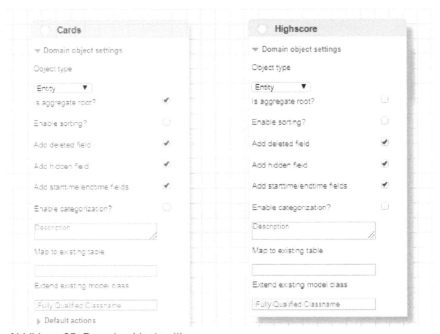

Abbildung 25: Domain object settings

45

3.1.5.2 Properties

Eine Klassenvariable nennt man eine Property, also Eigenschaft. Jede Eigenschaft erzeugt eine Spalte in der Datenbank. Auch für Eigenschaften gilt die camelCase - Schreibweise. Diese Schreibweise unterscheidet sich von denen in der Datenbanktabelle. Eine Eigenschaft die aus mehreren Worten besteht, wird in der Datenbanktabelle mit einem Unterstrich getrennt. Im Model erfolgt diese Trennung über die erwähnte camelCase Schreibweise.

Beispiel:
neueEigenschaft => neue_eigenschaft

Diese Schreibweise wird von Extbase vorausgesetzt und ist somit bindend.

Zusätzlich zu Namen und Typ der Eigenschaft gibt es im Extension Builder noch die Checkboxen:
- required
- exclude field

Durch *required* wird die Eigenschaft zum Pflichtfeld. Das wird durch die Annotation: @required erreicht. Diese Annotation weist Extbase an zu überprüfen, ob diese Eigenschaft einen Wert besitzt. Diese Überprüfung wird ausgeführt, sobald eine Instanz dieses *Models* erstellt wird.
Das hat folgende Konsequenz. Wenn diese Eigenschaft keinen Wert besitzt, dann wird Extbase eine Exception werfen. TYPO3 zeigt diese im Browser an und der Benutzer kann nicht weitersurfen - das System blockiert. Wenn man mit CSV Importen oder eigenen Formularmasken arbeitet, dann muss man sicherstellen, dass diese Eigenschaften **immer** einen Wert haben.
Die Eigenschaften aller *Models* unseres Memoryspiels sehen wie folgt aus:

46

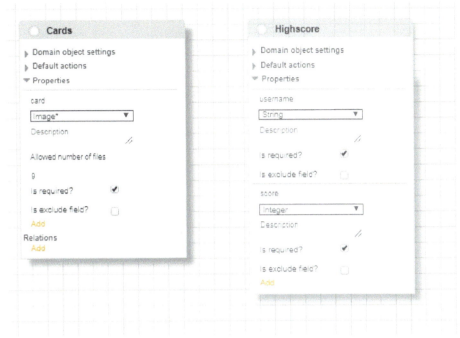

Abbildung 26: Model - Properties

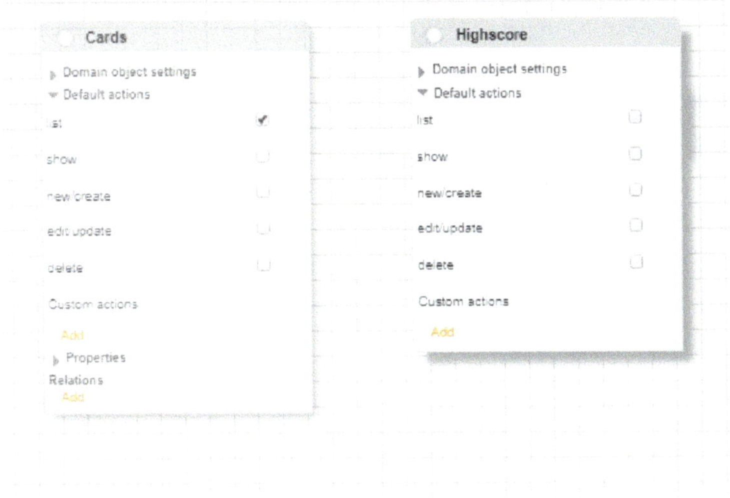

Abbildung 27: Model - Default actions

3.1.5.3 Relations

Relationen stellen Verbindungen innerhalb der *Models* her. Diese Verbindungen können unterschiedlich ausfallen. Steht zum Beispiel *Model* A mit *Model* B in Relation, dann kann:

1. jeweils nur eine Instanz aus *Model* A mit nur einer Instanz aus *Model* B
2. jeweils nur eine Instanz aus *Model* A mit mehreren Instanzen aus *Model* B
3. mehrere Instanzen aus *Model* A mit einer Instanz aus *Model* B
4. mehrere Instanzen aus *Model* A mit mehreren Instanzen aus *Model* B

verbunden sein. Diese Fälle beschreiben genau alle Relationstypen:

1. 1:1
2. 1:n
3. n:1
4. m:n

Man spricht hier von **Kardinalitäten**.

In unserem Memoryspiel gibt es eine Instanz: Memory, welche mit mehreren Instanzen von Kacheln verbunden ist.

Is exclude field?
TYPO3 hat ein umfangreiches Rechtesystem. So können Backendbenutzer die Zugriffsrechte, bis auf einzelne Eigenschaften, von Datensätzen runterbrechen.
Mit der Aktivierung dieses Feldes, gibt man dem Administrator die Möglichkeit die Zugriffsrechte auf diese Eigenschaft für andere Backendbenutzer zu ändern.

Lazy Loading

Die Aktivierung dieses Feldes erzeugt eine Annotation (@lazy) für diese Eigenschaft.

Diese Annotation erkennt Extbase und bewirkt, dass die Daten dieser Eigenschaft erst dann geladen werden, wenn man auf diese Eigenschaft explizit zugreift.

Ich empfehle zur Optimierung der Leistung dieses Verhalten für alle Relationen zu anderen *Models* zu aktivieren.

Da in der Regel nicht jeder Zugriff auf eine Instanz dieses Models Informationen von dieser Eigenschaft benötigt.

Nun ist das *Model* unseres Memoryspiels erstellt und wir können die Extension speichern und somit den Code generieren lassen.

3.1.6 Generieren der Extension

Wir akzeptieren die eingeblendete Warnung:

Abbildung 28: Warnung bei der Speicherung der Extension mit dem Extension Builder

und bekommen danach eine Bestätigung, dass die Extension erfolgreich erzeugt, aber noch nicht installiert wurde:

Abbildung 29: Extension mit dem Extension Builder gespeichert

Der Code ist generiert, die Extension jedoch noch nicht installiert und inaktiv. Zur Installation gehen wir in den Extension Manager.

3.1.7 Bugfixing der Fehler des Extension Builders

Aufgrund der inkompatiblen Version des Extension Builders ist es möglich, dass bestimmte Dateien fehlerhaft generiert wurden. Diese Fehler müssen nun manuell behoben werden.

3.1.7.1 TCA

Öffnen sie die beiden Dateien im Ordner: memory/Configuration/TCA. Prüfen Sie ob folgende Zeichen vorhanden sind:

- '
- =>
- &#039;

Diese sind in meiner Version in Zeile 110.

```
110 &#039;card&#039; =&gt; [
111     &#039;exclude&#039; =&gt; false,
112     &#039;label&#039; =&gt; &#039;LLL:EXT:memory/Resources/Private/Language/lc
113     &#039;config&#039; =&gt; \TYPO3\CMS\Core\Utility\ExtensionManagementUtilit
114         &amp;#039;card&amp;#039;,,
115         [
116             &amp;#039;appearance&amp;#039; =&amp;gt; [
117                 &amp;#039;createNewRelationLinkTitle&amp;#039; =&amp;gt; &amp;
118             ],
119             &amp;#039;foreign_types&amp;#039; =&amp;gt; [
120                 &amp;#039;0&amp;#039; =&amp;gt; [
121                     &amp;#039;showitem&amp;#039; =&amp;gt; &amp;#039;
122                     --palette--;LLL:EXT:lang/locallang_tca.xlf:sys_file_refere
```

Abbildung 30: TCA Fehler durch den Extension Builder, memory/Configuration/TCA/tx_memory_domain_model_cards.php

Falls Sie fündig werden sollten, müssen Sie dann diese Zeichen ersetzen. Nutzen Sie dazu die "Suchen und Ersetzen" - Funktion Ihrer Entwicklungsumgebung wie folgt:

1. **'** ersetzen durch ein Hochkomma "'" (ohne "")
2. **=>** ersetzen durch ein „größer als" - Zeichen ">" (ohne "")
3. **&#039;** ersetzen durch ein Hochkomma "'" (ohne "")
4. **=&gt;** ersetzen durch ein „größer als" Zeichen ">" (ohne "")

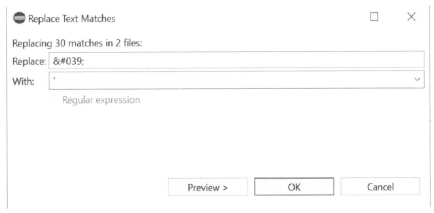

Abbildung 31: Find and Replace

Damit sollten alle Fehler in den TCA behoben sein.

3.1.7.2 SQL Datei

Prüfen Sie ebenfalls die ext_tables.sql im Ordner: memory. Dort könnte sich folgendes Zeichen befinden:

- **'** ersetzen durch ein Hochkomma "'" (ohne "")

3.1.7.3 ext_locaconf.php

In dieser Datei, ebenfalls unterhalb des Ordners: memory, kann sich ebenfalls ein Fehler befinden. Suchen Sie diese Datei nachfolgenden Zeichen ab und ersetzen Sie dieses:

- **'** ersetzen durch ein Hochkomma "'" (ohne "")

3.1.7.4 Templatedateien

Die Templatedateien können ebenfalls betroffen sein.

```
<table  class="tx_memory" >
    &lt;tr&gt;
        &lt;th&gt;&lt;f:translate key=&quot;tx_memory_domain_model_
        &lt;th&gt; &lt;/th&gt;
        &lt;th&gt; &lt;/th&gt;
    &lt;/tr&gt;

    &lt;f:for each=&quot;{cardss}&quot; as=&quot;cards&quot;&gt;
        &lt;tr&gt;
            &lt;td&gt;&lt;f:link.action action=&quot;show&quot; argu
            &lt;td&gt;&lt;f:link.action action=&quot;edit&quot; argu
            &lt;td&gt;&lt;f:link.action action=&quot;delete&quot; ar
        &lt;/tr&gt;
</table>
```

Abbildung 32: Extension Builder Fehler im Template,
memory/Resources/Private/Templates/Cards/List.html

Das gilt für die Backend- als auch für die Frontendlayouts:

- Backend
  - memory/Resources/Private/BackendLayout
- Frontend
  - memory/Resources/Private/Layouts
  - memory/Resources/Private/Templates

Die Layout Dateien werden zwar im Laufe dieses Buches komplett ersetzt. Daher können Sie die Inhalte dieser Dateien entfernen. Falls Sie dennoch (für Übungszwecke) diese Fehler beheben wollen, dann führen Sie in diesen Dateien folgende Ersetzungen durch:

- **<** ersetzen durch ein „kleiner als" - Zeichen "<" (ohne "")
- **>** ersetzen durch ein „größer als" Zeichen ">" (ohne "")
- **"** ersetzen durch ein Gänsefüßchen """ (ohne "")

Damit sollten alle Fehler behoben sein.

3.1.8 Installation der Extension im Extension Manager

Nach der Modellierung der Memory Extension, können wir diese installieren. Dazu wechseln wir in den Extension Manager. Dieser befindet sich unter:

1. Admin Tools
2. Extensions

Scrollen sie zu unserer Extension (Tipp: Nutze die Browser Suchfunktion) und drücken auf den Button für die Installation.

Abbildung 33: Installation der Memory Extension

Die erzeugte Extension befindet sich im typo3conf/ext - Ordner:

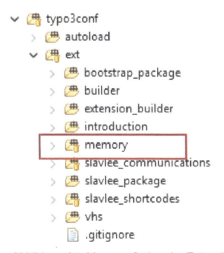

Abbildung 34: Memory Ordner im Extensionordner

3.1.8.1 setup.txt und constants.txt

Wir wollen zu Beginn das TypoScript erstellen und einbinden. Dazu wechseln wir innerhalb unserer Extension in den Ordner: Configuration und erstellen dort den Ordner: TypoScript.

Innerhalb dieses Ordners erstellen wir zwei Textdateien:

1. setup.txt
2. constants.txt

Der TypoScript - Ordner ist eine lose Konvention. TYPO3 lädt nicht automatisch diese zwei Dateien in seinen TypoScript Speicher. Um das nachzuholen bearbeiten wir die Datei ext_tables.php im Ausgangsverzeichnis in unserer Extension:

```
42    \TYPO3\CMS\Core\Utility\ExtensionManagementUtility::addStaticFile($extKey,
43          'Configuration/TypoScript',
44          'Memory'
45    );
46
```

Abbildung 35: addStaticFile

Damit registriert TYPO3 unsere TypoScript Dateien. Damit diese auch tatsächlich geladen werden, müssen wir diese einbinden. Das können wir im Root - Template unserer Seite vornehmen. Dazu gehen wir auf: "Edit the whole template record" und wechseln dort auf den Reiter: "Includes":

Abbildung 36: Include static

Anschließend wählen wir unsere Extension aus, so dass es auf der linke Seite der "Selected Items" steht.

3.1.8.2 Flexform

TYPO3 nennt die Formulare, die für die Backendpflege der Datensätze verwendet werden Flexform. Eine Flexform wird durch

eine XML - Datei beschrieben und TYPO3 generiert daraus
automatisch ein HTML Formular.
Die Flexform Datei unseres Memoryspiels sieht wie folgt aus:

```xml
1  <T3DataStructure>
2    <sheets>
3      <sDEF>
4        <ROOT>
5          <TCEforms>
6            <sheetTitle>
7              LLL:EXT:memory/Resources/Private/Language/locallang_db.xlf:
8              tt_content.pil_flexform.memory.sheet_general
9            </sheetTitle>
10         </TCEforms>
11         <type>array</type>
12         <el>
13           <settings.coverImage>
14             <TCEforms>
15               <label>
16                 LLL:EXT:memory/Resources/Private/Language/locallang_db.xlf:
17                 tt_content.pil_flexform.memory.sheet_general.coverImage
18               </label>
19               <config>
20                 <type>inline</type>
21                 <maxitems>1</maxitems>
22                 <foreign_table>sys_file_reference</foreign_table>
23                 <foreign_table_field>tablenames</foreign_table_field>
24                 <foreign_label>uid_local</foreign_label>
25                 <foreign_selector>uid_local</foreign_selector>
26                 <foreign_sortby>sorting_foreign</foreign_sortby>
```

Abbildung 37: Flexform, memory/Configuration/FlexForms/Game.xml Teil 1

```xml
27                 <foreign_selector_fieldTcaOverride type="array">
28                   <config>
29                     <appearance>
30                       <elementBrowserType>file</elementBrowserType>
31                       <elementBrowserAllowed>jpg,png</elementBrowserAllowed>
32                     </appearance>
33                   </config>
34                 </foreign_selector_fieldTcaOverride>
35                 <foreign_match_fields type="array">
36                   <fieldname>image</fieldname>
37                 </foreign_match_fields>
38                 <appearance type="array">
39                   <newRecordLinkAddTitle>1</newRecordLinkAddTitle>
40                   <headerThumbnail>
41                     <field>uid_local</field>
42                     <height>140</height>
43                     <width>140</width>
44                   </headerThumbnail>
45                 </appearance>
46               </config>
47             </TCEforms>
48           </settings.coverImage>
49         </el>
50        </ROOT>
51      </sDEF>
52    </sheets>
53  </T3DataStructure>
```

Abbildung 38: Flexform, memory/Configuration/FlexForms/Game.xml Teil 2

Der Startknoten (Wurzel) einer jeden Flexform ist die
T3DataStructure. Eine Flexform kann aus mehreren Reitern
bestehen, diese stehen in der XML unterhalb des Tags: **sheets**.

Der allgemeine Reiter, der Standardwert sozusagen, wird mit den folgenden zwei Tags eingeleitet:

```
<sDEF>
     <ROOT>
          ....
     </ROOT>
</sDEF>
```

In den Zeilen 7-8 (Abb.: 37) wird der Titel des aktuellen Reiters angegeben:

```
<TCEforms>
     <sheetTitle>LLL:EXT:memory/Resources/Private/Lang
uage/locallang_db.xlf:tt_content.pi_flexform.memory.she
et_general
     </sheetTitle>
</TCEforms>
```

Es sei hier erwähnt, dass aus Layoutgründen diese Angabe auf der Abbildung in 2 Zeilen gesetzt werden musste. In der Game.xml Datei muss der Text zwischen `<sheetTitle></sheetTitle>` in einer Zeile stehen.
Die type - Angabe in Zeile 11 (Abb.: 37) ist der Standardwert jeder Flexform. Danach folgen zwischen den el - Tags:

```
<el>
     ...
</el>
```

die Angaben für alle Formularfelder des aktuellen *sheets*.

Die Namen der Tags der Formularfelder sind prinzipiell frei wählbar. Innerhalb der Controller der Extbase Extensions gibt es eine Klassenvariable: `$this`->settings.
Diese Variable wird gefüllt mit den Werten des gleichnamigen Objektes innerhalb TypoScript Konfiguration der Extension:

```
 2 plugin.tx_memory_game {
 3   view {
 4     templateRootPaths.0 = EXT:memory/Resources/Private/Templates/
 5     templateRootPaths.1 = plugin.tx_memory_game.view.templateRootPath
 6     partialRootPaths.0 = EXT:memory/Resources/Private/Partials/
 7     partialRootPaths.1 = plugin.tx_memory_game.view.partialRootPath
 8     layoutRootPaths.0 = EXT:memory/Resources/Private/Layouts/
 9     layoutRootPaths.1 = plugin.tx_memory_game.view.layoutRootPath
10   }
11   persistence {
12     storagePid = {$plugin.tx_memory_game.persistence.storagePid}
13     #recursive = 1
14   }
15   features {
16     #skipDefaultArguments = 1
17   }
18   mvc {
19     #callDefaultActionIfActionCantBeResolved = 1
20   }
21
22   settings {
23     storagePid = {$plugin.tx_memory_game.persistence.storagePid}
24   }
25 }
26
```

Abbildung 39: Typoscript - settings, memory/Configuration/TypoScript/setup.ts

Diese Klassenvariable lässt sich auch über Flexform befüllen und somit kann man sehr einfach auf die Plugin - Konfiguration zugreifen. Das geht automatisch indem man die Formularfelder mit dem Präfix: "settings." (ohne "") benennt. Das sehen Sie am Beispiel unseres Coverbildes in den Zeilen 13 bis 48 (Abb.: 37 und Abb.: 38).

```
<settings.coverImage>
<TCEforms>
...
</TCEforms>
</settings.coverImage>
```

Jedes Formularfeld besitzt einen Titel (Zeile 16 – 17, Abb.: 37) und einen Konfigurationsblock (Zeile 19 – 46, Abb.: 37 und Abb.: 38). Eine Übersicht aller verfügbaren Formularfelder finden Sie hier: https://docs.typo3.org/typo3cms/TCAReference/7.6/Reference/Columns/Flex/Index.html

In unserem Beispiel platzieren wir ein Bildelement indem wir ein Inline - Element erstellen und es auf die Datenbanktabellen projizieren, in denen die Typo3 Bilder gespeichert sind.

```
15  <config>
16      <type>inline</type>
17      <maxitems>1</maxitems>
18      <foreign_table>sys_file_reference</foreign_table>
19      <foreign_table_field>tablenames</foreign_table_field>
20      <foreign_label>uid_local</foreign_label>
21      <foreign_sortby>sorting_foreign</foreign_sortby>
22      <foreign_selector>uid_local</foreign_selector>
23      <foreign_selector_fieldTcaOverride type="array">
24          <config>
25              <appearance>
26                  <elementBrowserType>file</elementBrowserType>
27                  <elementBrowserAllowed>jpg,png</elementBrowserAllowed>
28              </appearance>
29          </config>
30      </foreign_selector_fieldTcaOverride>
31      <foreign_match_fields type="array">
32          <fieldname>image</fieldname>
33      </foreign_match_fields>
34      <appearance type="array">
35          <newRecordLinkAddTitle>1</newRecordLinkAddTitle>
36          <headerThumbnail>
37              <field>uid_local</field>
38              <height>140</height>
39              <width>140</width>
40          </headerThumbnail>
41      </appearance>
42  </config>
```

Abbildung 40: Flexform - Inline Element,
memory/Configuration/FlexForms/Game.xml

`<maxitems>`

Beschränkung der Auswahl auf einen Datensatz.

`<foreign_table>`

Datenbanktabelle aus der die Datensätze gelesen werden sollen.

`<foreign_table_field>`

Eigenschaft der Datenbank in der der Name der Zieltabelle steht. In unserem Fall: sys_file.

`<foreign_label>`

Wird für die Anzeige des Inline - Elementes in der Flexform benötigt.

<foreign_sortby>

Eigenschaft der Datenbanktabelle für die Sortierung der Datensätze der Zieltabelle

<foreign_selector>

Stellt die Beziehung zur Datenbanktabelle her, die in Relation zu der Datenbanktabelle: sys_file steht.

<foreign_selector_fieldTcaOverride type="array">

Hier werden die TCA Konfiguration für das foreign_selector Feld definiert. Die Konfiguration steuert die Anzeige dieses Formularfeldes.
Wir definieren den Typ der dargestellt werden soll mit: file und schränken es auf die Dateiformate: jpg, png ein.

<foreign_match_fields type="array">

Wir setzen den Wert der Datenbankspalte: "fieldname" des Bildeintrages in der sys_file_reference Tabelle.

<appearance type="array">

Zum Schluss beschreiben wir die Darstellung der Bilder im Inline Element. Wir blenden den Titel des Datensatzes mit newRecordLinkAddTitle ein und definieren die Bildgröße im *header* Bereich.

Damit die Flexform automatisch geladen wird, müssen wir sie in TYPO3 registrieren. Das geht über die Datei: ext_tables.php

```
// Add the FlexForm
$extensionName = strtolower(\TYPO3\CMS\Core\Utility\GeneralUtility::underscoredToUpperCamelCase($extKey));
$pluginSignature = $extensionName.'_game';
$GLOBALS['TCA']['tt_content']['types']['list']['subtypes_addlist'][$pluginSignature] = 'pi_flexform';
\TYPO3\CMS\Core\Utility\ExtensionManagementUtility::addPiFlexFormValue(
        $pluginSignature,
        'FILE:EXT:' . $extKey . '/Configuration/FlexForms/Game.xml'
);

\TYPO3\CMS\Core\Utility\ExtensionManagementUtility::addStaticFile($extKey,
        'Configuration/TypoScript',
        'Memory'
);
```

Abbildung 41: Flexform registrieren, memory/ext_tables.php

3.1.9 Konfiguration einer Extension

Bevor wir die Konfiguration unserer Extension beginnen, erstellen wir zunächst zwei TYPO3 Seiten:

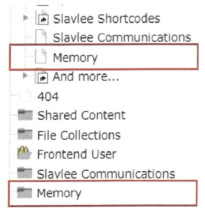

Abbildung 42: Erstellung der TYPO3 Seite und Ordner

Die erste Seite ist eine Standard TYPO3 Seite die das Plugin unseres Spiels enthalten wird. Die zweite Seite ist ein TYPO3 Ordner und wird alle Datensätze, wie Karten und Highscores enthalten.

Die Konfiguration einer Extension findet über die Flexform und über das TypoScript statt. Beides haben wir in den vorherigen Kapiteln getan.
Die TypoScript Angaben innerhalb der setup.txt und constants.txt können in den Seitentemplates im TYPO3 Backend, oder innerhalb anderer Extensions, überschrieben werden.
Das ist besonders praktisch, da der Programmcode der Extension nicht geändert werden muss.

Setup

```
 1  page.config.contentObjectExceptionHandler = 0
 2  page.includeCSS.slavlee_shortcodes_bootstrap >
 3  page.includeJSFooterlibs.slavlee_shortcodes_jquery >
 4  page.includeJSFooterlibs.slavlee_shortcodes_bootstrap >
 5
 6  #Memory Game
 7  plugin.tx_memory_game.persistence.storagePid = 121
 8  plugin.tx_memory_game.settings.storagePid = 121
 9  module.tx_memory_tools_memoryhighscore.settings.storagePid = 121
10  module.tx_memory_tools_memoryhighscore.persistence.storagePid = 121
11
```

Abbildung 43: Memory - TypoScript Setup

Diese Angaben stehen in einem Seitentemplate der Ausgangsseite (Root). Das ist die Seite mit dem Globus - Icon. Im Anschluss platzieren wir das Plugin auf der Memory Seite. Dazu wechseln wir auf

1. Web
2. Page
   a. Memory Seite auswählen
3. Create new content element
   a. auf den *Plugins* Reiter wechseln
   b. Memory auswählen

Um das Plugin zu bearbeiten, schauen wir uns zuerst die Flexform an:

Abbildung 44: Inhaltselement: Plugin - Memory

Hier sehen wir den HTML Output unserer flexform.xml Datei und können die Einstellungen übernehmen.

3.1.10 Erstellen der Datensätze

Durch die Erstellung der Datenbank und der Grundbasis durch den Extension Builder, können wir bereits die nötigen Datensätze erstellen. In unserem Falle sind das die Karten.

Dazu gehen wir auf den bereits erstellten Ordner: "memory" und erstellen mit dem Listenmodul 4 Karten.

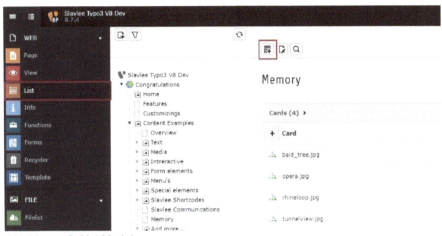

Abbildung 45: List Modul

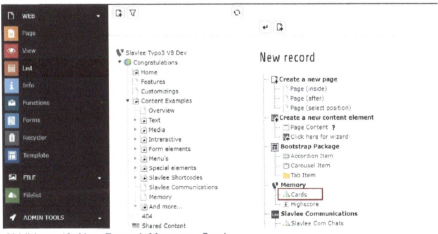

Abbildung 46: New Record: Memory - Cards

Damit ist die Konfiguration unserer Memoryextension abgeschlossen und wir können anfangen zu programmieren.

KAPITEL 4

Programmierung des Memoryspiels

Schön dass Sie drangeblieben sind. Wir sind mit der Vorarbeit fertig und können nun mit der Programmierung des Memoryspiels beginnen.

Dieses Buch legt den Fokus auf die Erklärung der Programmierung von Extensions und weniger auf die Erarbeitung von Algorithmen. D.h. wir gehen detailliert auf die Funktionen von Extbase und Fluid ein und weniger auf die Algorithmen des Memoryspiels.

4.1 Verzeichnisse

Die Verzeichnisstruktur ist essentiell damit die Extension korrekt erkannt wird und arbeitet. Das MVC - Modell ist ein Bestandteil davon. Glücklicherweise werden die Ordner in Extbase, größtenteils, exakt so benannt:

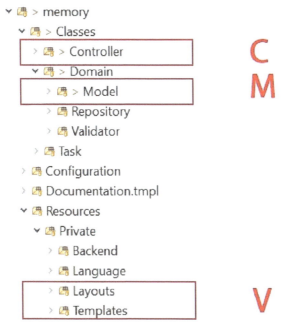

Abbildung 47: MVC - Modell in der Verzeichnisstruktur

Neben der vorgegebenen Struktur kann man andere Funktionen durch die TypoScript Konfiguration ändern oder komplett selbst definieren. Grundsätzlich ist es immer ratsam zu recherchieren, wie andere große Extensions Dinge umgesetzt haben, von denen man sich nicht sicher ist, wie sie umgesetzt werden sollen.

4.1.1 Die Memory View

Wir beginnen mit der View, die unsere Karten ausgeben und das Formular zum Speichern des Highscores anzeigen wird. Die View in Fluid ist in 3 Teilen gegliedert:

1. Layout
2. Template
3. Partial

Damit die Templatedateien gefunden werden können, muss man die Pfade im TypoScript angeben. Das geschieht in der setup.ts Datei unterhalb von memory/Configuration/TypoScript:

```
setup.ts
1
2 plugin.tx_memory_game {
3   view {
4     templateRootPaths.0 = EXT:memory/Resources/Private/Templates/
5     templateRootPaths.1 = plugin.tx_memory_game.view.templateRootPath
6     partialRootPaths.0 = EXT:memory/Resources/Private/Partials/
7     partialRootPaths.1 = plugin.tx_memory_game.view.partialRootPath
8     layoutRootPaths.0 = EXT:memory/Resources/Private/Layouts/
9     layoutRootPaths.1 = plugin.tx_memory_game.view.layoutRootPath
10  }
```

Abbildung 48: Pfadangabe der Template Ordner, memory/Configuration/TypoScript/setup.ts

Es lassen sich mehrere Pfade übergeben und somit elegant einzelne Template Dateien überschreiben. Wenn eine Template Datei in mehreren Pfaden vorkommt, dann wird der zuletzt erwähnte Pfad genutzt.

4.1.1.1 Layout

Das Layout ist die Startdatei und gibt den groben Rahmen vor. Hier werden die Elemente gespeichert, die für alle Ansichten (Views) des Plugins gleich sind. Oft ist das lediglich ein div - Element als Wrapper.

Unsere Layout Datei sieht wie folgt aus:

```
*Default.html
1
2 <div class="tx-memory"
3     data-highscore-url="{f:uri.action(action: 'saveHighscore')}">
4     <f:render section="main" />
5 </div>
```

Abbildung 49: Fluid - Layout, memory/Resources/Private/Layouts/Default.html

Der gesamte Inhalt unserer Extension ist in einem DIV - Element mit der Klasse: `tx-memory` umschlossen .

Das jQuery - Plugin wird am Ende vor dem schließenden </body> - Teil der Webseite eingebunden, da oftmals Javascript Bibliotheken in den FooterLibs von TYPO3 eingefügt werden. Aus diesem Grunde wird die URL zur Speicherung der Highscore Daten als Attribut der Extension eingefügt. Das jQuery Plugin des Memoryspiels liest diese Information dann aus und sendet das Formular als AJAX Request an diese URL.

Innerhalb dieses DIV - Elementes (Abb.: 49, Zeile 4) wird der Fluid Hauptbereich definiert. Dieser Tag wird durch die Inhalte der Section: `main`, die in der Template Datei definiert ist, ersetzt.

4.1.1.2 Template

Das Template beschreibt die aktuelle Ansicht und ist die eigentliche HTML Datei für die Gestaltung der aktuellen View. In unserem Fall gibt sie die Karten und das Highscore Formular aus. Die Karten werden in zwei Zeilen in jeweils 4 Spalten angezeigt.

Jede View hat ihre eigene Template Datei. Die Template Datei für unser Spiel (Board.html) sieht wie folgt aus:

67

```
Board.html
1  <f:layout name="Default" />
2  <f:section name="main">
3      <f:flashMessages />
4      <f:if condition="{cards => f:count()} > 0">
5          <div class="row">
6              <f:for each="{cards}" as="card" key="key">
7                  <div class="col-sm-3">
8                      <f:image src="{coverImage}" treatIdAsReference="1"
9                      title="{f:translate(key:'flipCard')}" class="memory-card memory-cover" />
10                     <f:image src="{card.card.uid}" treatIdAsReference="1"
11                     title="{f:translate(key:'flipCard')}" class="memory-card"
12                     additionalAttributes="{data-uid: card.card.uid, data-index: key}" />
13                 </div>
14             </f:for>
15         </div>
16         <f:render partial="Game/HighscoreForm"
17         arguments="{saveHighscoreUrl: saveHighscoreUrl, pid: pid}" />
18     </f:if>
19 </f:section>
```

Abbildung 50: Fluid - Template,
memory/Resources/Private/Templates/Game/Board.html

In der ersten Zeile wird die zu nutzende Layout Datei angegeben.
Fluid wird dann den Inhalt der Section: `main` in diese Layout Datei
dort einbinden, wo diese Section angegeben ist. D.h. in unserem
Beispiel in der Layout Datei in Zeile 4 (siehe Abb.: 49).

In Zeile 3 (Abb.: 50) werden dann eventuelle Flashmessages
angezeigt. Flashmessages sind ein System in Extbase um den
Benutzern Nachrichten anzuzeigen. Das können Hinweistexte, aber
auch Fehlermeldungen sein.

In Zeile 4 (Abb.: 50) wird mit einer IF - Anweisung geprüft, ob die
View Variable: `$cards` Elemente besitzt. Diese Prüfung wird
gemacht, damit der nachfolgende HTML Code nur dann erzeugt
wird, wenn es auch tatsächlich Karten gibt.
Eine Prüfung auf Inhalt eines Arrays geht mit der PHP - Funktion:
`count()`, welche via Fluid mit dem Tag: `f:count` ausführbar ist.

Die obige Schreibweise nennt man *Inline*, da sie nicht in einem
HTML, sondern JSON Format steht und dadurch innerhalb eines
Attributes stehen kann.
Falls es Memory - Karten gibt, dann wird das Array: `$cards` in Zeile
6 (Abb.: 50) mit einer foreach - Schleife durchlaufen. In Fluid geht
das mit dem Tag: `f:for`.

```
<f:for each="{cards}" as="card" key="key">
```

68

Das Attribut: **each** enthält die View Variable die durchlaufen werden soll. Das Attribut: **as** ist der Name der View Variablen, in der die Elemente des aktuellen Durchlaufes gespeichert werden sollen und das Attribute: **key** enthält den aktuellen Schlüssel. Das ist in einem normalen Array der übliche Index von Null beginnend, und in einem assoziativen Array der entsprechende String - Wert.

Falls man in einem assoziativen Array die Position des aktuellen Indexes braucht, dann kann man sich des Attributs: **iteration** bedienen.

Dem iteration Attribut wird Fluid die Instanz des sogenannten Iterator übergeben. Dem Iterator sind folgende Eigenschaften zugewiesen:

- index, aktueller Durchlauf (beginnend bei null)
- cycle, aktueller Durchlauf (beginnend bei eins)
- total, Gesamtzahl der Durchläufe
- isEven, boolescher Wert der TRUE ist, wenn der aktuelle Durchlauf eine gerade Zahl ist
- isOdd, boolescher Wert der TRUE ist, wenn der aktuelle Durchlauf eine ungerade Zahl ist

```
<f:image src="{coverImage}" treatIdAsReference="1"
    title="{f:translate(key:'flipCard')}"
    class="memory-card memory-cover" />
<f:image src="{card.card.0.uid}" treatIdAsReference="1"
    title="{f:translate(key:'flipCard')}"
class="memory-card"
    additionalAttributes="{data-uid: card.card.0.uid,
data-index: key}" />
```

In Zeile 8 – 12 (Abb.: 50) werden dann die Bilder für das Fluid - Tag: f:image eingebunden. Das erste Bild ist das Coverbild und das zweite das Motivbild. Ein jQuery Plugin, welcher nicht Teil dieses Buches ist, übernimmt die Animation.

Viele Attribute sind identisch mit den Attributen des HTML Tags: image. In unserem Fall ist lediglich das Attribut: **treatIdAsReference** eine Besondere in Fluid.

Dieses Attribut erwartet einen booleschen Wert. Setzt man diesen auf 1, dann interpretiert Fluid den Wert von Attribut: **src** als Id und sucht einen Datensatz in der Tabelle: **sys_file**. Ist der Wert 0 bzw. setzt man ihn nicht explizit auf 1, dann geht Fluid davon aus, dass das Attribut: **src** einen Pfad zu einer Bilddatei enthält.

Abschließend werden in den Zeilen 16 - 17 (Abb.: 50) ein Partial gerendert, welcher das Highscore Formular einbindet:

```
<f:render partial="Game/HighscoreForm"
     arguments="{saveHighscoreUrl: saveHighscoreUrl,
pid: pid}" />
```

Dem Partial werden die View Variablen: **saveHighscore** und **pid** übergeben. Die Übergabe erfolgt über ein JSON Objekt. Dabei ist der linke Teil vor dem Doppelpunkt der Name der Variablen im Partial und der rechte Teil der Name der Variablen in der aktuellen Template Datei. Das heißt, es wird der Partial -Variablen saveHighscoreUrl der Wert der Template - Variablen saveHighscoreUrl zugeordnet.
Wir belassen beide Variablennamen, damit wir auch im Partial wissen, welche Variablen gemeint sind.

4.1.1.3 Partials

In einem Plugin kann es Abschnitte geben die in mehreren Views gebraucht werden. Damit diese Abschnitte nicht redundant angelegt werden müssen, können diese in eigenen Dateien ausgelagert und in den jeweiligen Template Dateien eingebunden werden. Diese ausgelagerten Abschnitte sind Partials.

Unsere Partial sieht wie folgt aus:

```
HighscoreForm.html ⊠
 1  <div id="highscore-form" title="{f:translate(key:'highscore-form-title')}">
 2    <f:form action="saveHighscore" object="{highscore}"
 3          name="highscore" additionalParams="{type: 100}">
 4      <fieldset>
 5        <f:form.hidden name="pid" value="{pid}" />
 6        <!-- <f:form.hidden id="highscore-form-save-highscore-url"
 7             name="saveHighscoreUrl" value="{saveHighscoreUrl}" /> -->
 8        <f:form.hidden id="highscore-form-highscore" property="score" value="0" />
 9        <f:form.textfield id="highscore-form-username" property="username"
10            value="" placeholder="{f:translate(key:'highscore-form-username')}" />
11      </fieldset>
12    </f:form>
13  </div>
```

Abbildung 51: Fluid - Partial,
memory/Resources/Private/Partials/Game/HighscoreForm.html

Das Partial ist eine normale HTML Datei, die klassische HTML - und Fluid - Elemente enthalten kann.
In der ersten Zeile wird ein Fluidelement in der Inline Schreibweise genutzt:

```
{f:translate(key:'highscore-form-title')}
```

`f.translate` ist ein oft genutzter Tag. Alle Textausgaben sollten über diesen Tag gemacht werden. Dadurch können Texte in Sprachdateien ausgelagert und für jede beliebige Sprache übersetzt werden.
Dem key - Attribut übergibt man den Schlüsselwert des String den man ausgeben möchte. Das hat mit dem Aufbau der Sprachdatei zu tun.

Ein Auszug:

```
<trans-unit id="highscore-form-title">
    <source>Save Highscore</source>
</trans-unit>
```

4.1.1.3.1 Exkurs Übersetzung:

Wie Sie sehen entspricht der Schlüssel der ID des Textes. Die Sprachdatei ist, wenn man nichts anderes angegeben hat, die memory/Resources/Private/Language/locallang.xlf.

Wenn Sie die Datei übersetzen möchten, dann duplizieren sie diese Datei und speichern sie unter einem neuen Namen ab. Der Name folgt dann dem Schema:

<Sprachkürzel>.locallang.xlf

Beispiel deutsch:

de.locallang.xlf

Dann fügen sie ein neues Attribut: `target-language` dem Tag: *file* hinzu und geben den Wert des Sprachkürzels ein:

```xml
de.locallang.xlf
1 <?xml version="1.0" encoding="utf-8" standalone="yes" ?>
2 <xliff version="1.0">
3   <file source-language="en" target-language="de" datatype="plaintext" original="messages" dat
4     <header/>
5     <body>
6       <trans-unit id="tx_memory_domain_model_game">
7         <target>Memory</target>
8       </trans-unit>
9       <trans-unit id="tx_memory_domain_model_game.description">
10        <target>Memory card game from the Udemy course: Typo3 Extensiondevelopment for T
11      </trans-unit>
12      <trans-unit id="tx_memory_domain_model_cards">
13        <target>Cards</target>
14      </trans-unit>
15      <trans-unit id="tx_memory_domain_model_cards.card">
16        <target>Card</target>
17      </trans-unit>
18      <trans-unit id="tx_memory_domain_model_highscore">
19        <target>Highscore</target>
20      </trans-unit>
21      <trans-unit id="tx_memory_domain_model_highscore.username">
22        <target>Username</target>
23      </trans-unit>
24      <trans-unit id="tx_memory_domain_model_highscore.score">
25        <target>Score</target>
26      </trans-unit>
27      <trans-unit id="flipCard">
28        <target>Click to flip card</target>
29      </trans-unit>
30      <trans-unit id="highscore-form-title">
31        <target>Save Highscore</target>
32      </trans-unit>
33      <trans-unit id="highscore-form-username">
```

Abbildung 52: Sprachdatei, memory/Resources/Language/de.locallang.xlf

Zuletzt müssen sie den Tag: **source** in **target** umbenennen, wie in Zeile 7 (Abb.: 52) markiert. Dem Projekt ist bereits eine entsprechende Datei hinterlegt. Zur Übung können Sie dort die Übersetzungen einpflegen.
Nach jeder Änderung der Sprachdatei müssen sie den Systemcache leeren damit diese Änderungen aktiviert werden können.

Für weiterführende Informationen zum Thema: Localization empfehle ich Ihnen die offizielle Dokumentation:
https://docs.typo3.org/typo3cms/ExtbaseFluidBook/9-CrosscuttingConcerns/1-localizing-and-internationalizing-an-extension.html

Damit endet der kleine Exkurs und wir kehren zum Partial zurück.

In Zeile 2 – 3 (Abb.: 51) erstellen wir ein Formular:

```
<f:form action="saveHighscore" object="{highscore}"
        name="highscore" additionalParams="{type: 100}">
```

Das Ziel des Formulars wird über die Eigenschaften **action** und **controller** angegeben. Wenn die Angabe: controller fehlt, so wie in diesem Beispiel, dann geht TYPO3 davon aus, dass der aktuelle Controller gemeint ist.
Die Action ist der Name der action - Funktion innerhalb des Controllers, in unserem Fall der GameController:

```
71      /**
72       * Save highscore (AJAX)
73       * @param \Slavlee\Memory\Domain\Model\Highscore $newHighscore
74       * @return void
75       * @validate $highscore \Slavlee\Memory\Domain\Validator\HighscoreValidator
76       */
77      public function saveHighscoreAction(\Slavlee\Memory\Domain\Model\Highscore $highscore)
78      {
79          // Speicherung der Daten in der Datenbank
80          $this->highscoreRepository->add($highscore);
81          // Antwort vorbereiten
82          $jsonResponse = [
83              'state' => 'success'
84          ];
85          // Übergabe des Ergebnis als JSON an die View
86          $this->view->assign('json', json_encode($jsonResponse));
87      }
```

Abbildung 53: saveHighscoreAction - Funktion, memory/Classes/Controller/GameController.php

Beachten Sie, dass der Suffix: *Action* im Fluidelement, `f:form`, nicht angegeben wird.
Die Eigenschaft: **object** ist der Name des Eingangsparameters der *Action* Funktion. In unserem Beispiel: **$highscore** bzw. highscore. Extbase initialisiert ein neues Objekt der angegebenen Klasse (\Slavlee\Memory\Domain\Model\Highscore) automatisch mit den

73

Werten, die im Formular angegeben werden. Dabei werden die Validierungen, die in der Klasse des Models per Annotation angegeben sind, durchgeführt.

Beispiel:

```
14
15  /**
16   * Highscore
17   */
18  class Highscore extends \TYPO3\CMS\Extbase\DomainObject\AbstractEntity
19  {
20      /**
21       * username
22       *
23       * @var string
24       * @validate NotEmpty
25       */
26      protected $username = '';
27
28      /**
29       * score
30       *
31       * @var int
32       * @validate NotEmpty
33       */
34      protected $score = 0;
35
36
```

Abbildung 54: Model Validation per Annotation, memory/Classes/Domain/Model/Highscore.php

Im Fehlerfall wird die saveHighscoreAction - Funktion nicht aufgerufen, sondern der vorherige Request wiederholt und ein Fehler ausgegeben.

Die Eigenschaft: `name` ist äquivalent zum normalen HTML Element: "form".
Den Formularversand wollen wir via AJAX realisieren. Dazu müssen wir den Parameter: "type" der Ziel URL des Formulars mitgeben. Da wir nicht explizit die URL angegeben haben, müssen wir den Parameter über einen anderen Weg anhängen. Dafür gibt es den Parameter: "additionalParams" tun.
Dieser erwartet ein Array in JSON Format in einem Name - Werte Paar. In unserem Beispiel Parameter: "type" mit dem Wert 100.

Die genaue Umsetzung der AJAX Schnittstelle wird in Kapitel 5 (S. 87) erklärt.

74

In den Zeilen 5 - 10 (Abb.: 51) werden weitere Formularfelder über Fluid definiert. Die Attribute sind zum Großteil die gleichen zu den korrespondierenden HTML Elementen: *input*. Ich möchte explizit auf die Eigenschaft: **property** eingehen.

Jedes Formularelement besitzt einen Namen. Das kennen sie aus den HTML Felder: input, textfield, hidden usw. In Fluid kann man den Namen genauso über die Eigenschaft: *name* definieren. Behandelt das Formular allerdings ein Extbase Model, so wie in unserem Fall, dann ist es ratsam die Eigenschaft: *property* zu nutzen.
Diese enthält den Namen der Eigenschaft des Models, welches bearbeitet werden soll. Extbase wird dann automatisch alle angegebenen Eigenschaften dem Objekt zuordnen, welches im `f:form` - Element angegeben wird. Die dazu benötigte Benennung übernimmt Fluid eigenständig.

Eine vollständige Liste von Formularfelder aus Fluid entnehmen Sie bitte der offiziellen Dokumentation:
https://docs.typo3.org/typo3cms/ExtbaseGuide/Fluid/ViewHelper/Form/Index.html

Damit ist der View - Teil unseres MVC - Models abgeschlossen.

4.1.2 Das Memory Model

Das Model unseres Memoryspiels speichert die Bilder, das sind in unserem Fall die Karten und die Highscore Daten. Den Quellcode dieser beiden Klassen können Sie unter memory/Classes/Domain/Model einsehen.
Darüber hinaus liest die Repository alle verfügbaren Karten und Highscore Daten aus und speichert neue Highscore Daten in die Datenbank.

Das Auslesen der Karten geht mit der Repository ganz einfach durch die magischen findBy - Funktionen. Das Repository kann Einträge aus einer Datenbanktabelle lesen, ohne dass man selbst

Funktionen schreiben muss. Jede Abfrage nach einer Eigenschaft ist mit den findBy<Name der Eigenschaft> möglich.
Bsp:

```
$row = findByUid($uid);
```

Es gibt eine Besonderheit in der Namensgebung. Im Model wird stets die CamelCase - Schreibweise für Eigenschaften genutzt. In der Datenbank jedoch, sind die Namen der Eigenschaften durch einen Unterstrich getrennt.

Beispiel:
Im Model gibt es eine Eigenschaft mit dem Namen: **camelCaseParam**. Dann wird in der Datenbanktabelle diese Eigenschaft folgenden Namen haben: **camel_case_param**.

Wenn Sie der Datenbank neue Eigenschaften hinzufügen, dann ist es besonders wichtig auf die richtige Schreibweise zu achten, da sonst Extbase bzw. das Datenbanksystem bei der Generierung der Datenbankabfragen die Eigenschaft innerhalb der Datenbanktabelle nicht finden kann.

Neben der gezielten Suche nach einer Eigenschaft, lassen sich auch alle Einträge mit *findAll* auslesen.

Wir wollen alle angelegten Karten auslesen, das geht wie folgt:

```
41     /**
42      * action list
43      *
44      * @return void
45      */
46     public function boardAction()
47     {
48         // Lese alle Karten aus der Datenbank (zweimal)
49         $cards = $this->cardsRepository->findAll()->toArray();
50         $duplicates = $this->cardsRepository->findAll()->toArray();
51         // Führe Karten und Duplikate in ein Array zusammen
52         $cards = array_merge($cards, $duplicates);
53         //Mische die Karten
54         shuffle($cards);
55         // Übergebe die Karten an die View
56         $this->view->assign('cards', $cards);
57         // Weitere Viewübergaben
58         $this->view->assign('saveHighscoreUrl',
59             $this->CreateEidUrl('GameEidController::SaveHighscore', 'tx_memory_game'));
60         $this->view->assign('pid', $this->settings['storagePid']);
61         $this->view->assign('coverImage', $this->settings['coverImage']);
62
63         // auskommentieren für OO - Crashkurs (public, protected, private, static)
64 //          $newHighscore = $this->objectManager->get('Slavlee\\Memory\\Domain\\Model\\Highscor
65 //          $newHighscore2 = $this->objectManager->get('Slavlee\\Memory\\Domain\\Model\\Highsco
66 //          $newHighscore3 = \Slavlee\Memory\Domain\Model\Highscore::getInstance();
67 //          debug($newHighscore-> toString());
```

Abbildung 55: findAll() - Funktion der Repository,
memory/Classes/Controller/GameController.php

In Zeile 49 (Abb.: 55) lesen wir alle Karten aus der Repository aus und wandeln das Ergebnis sofort in ein PHP Array um. Das gleiche machen wir ein zweites Mal in Zeile 50. Das tun wir, weil ein Memoryspiel immer aus Bildpaaren besteht, die es zu finden gilt. Deswegen muss es jedes Bild zweimal im Spiel vorkommen. In Zeile 52 (Abb.: 55) werden die Bilder inklusive Duplikate in ein Array zusammengeführt. Damit die Reihenfolge variiert, wird die Liste aller Karten in Zeile 54 (Abb.: 55) zufällig angeordnet.

In Zeile 56 (Abb.: 55) werden die Karten der View übergeben. Ein weiterer wichtiger Code - Teil auf diesem Screen ist die Zeile 60 und 61 (Abb.: 55).

In Zeile 60 (Abb.: 55) wird die ID der TYPO3 Seite, in der alle Datensätze unseres Spiels enthalten sind, an die View übergeben. Diese Seite haben wir zu Beginn von Konfiguration einer Extension (Kapitel 3, S. 37) erstellt.

In der Zeile 61 (Abb.: 55) wird das Kartencover aller nicht umgedrehter Karten der View übergeben. Dieses Bild lässt sich in der Flexform angeben.

Die anderen Code - Teile auf diesem Screen werden im Kapitel 5: AJAX (S. 89) besprochen.

4.1.3 Der Memory Controller

Unserer Controller benötigt eine sogenannte *Action* Funktion. Die *Action* Funktionen sind spezielle Funktionen und sind Einstiegspunkte in den Controller. Sobald der Benutzer die richtige URL aufruft, wird TYPO3 die gemeinte *Action* Funktion aufrufen. Die Namen der Action Funktion enden mit Suffix: Action.

4.1.3.1 boardAction()

Der Einstiegspunkt der Extension ist die `boardAction()` Funktion im GameController. Ein Screenshot haben sie bereits in der Beschreibung des Models (Kapitel 4.1.2, S. 75) gesehen (siehe Abb.: 55).

Der Algorithmus dieser Funktion sieht wie folgt aus:
1. Lese alle Karten aus der Datenbank (zweimal)
2. Führe Karten und Duplikate in ein Array zusammen
3. Mische die Karten
4. Übergebe die Karten an die View

Es ist sehr hilfreich sich den Algorithmus zu Beginn als Pseudocode aufzuschreiben. Dazu gehen wir einen Schritt zurück und schauen uns die Entstehung der `boardAction()` Funktion in Ruhe an.

Der Pseudocode kann einfach als Kommentar geschrieben werden. Dann hat man nicht nur eine Roadmap seines eigenen Codes, sondern auch gleich die nötige Kommentierung seines Codes fertig. Der Pseudocode unserer *Action* Funktion sieht wie folgt aus:

```
38    /*************************************************
39     * ACTION - START
40     *************************************************/
41    /**
42     * action list
43     *
44     * @return void
45     */
46    public function boardAction()
47    {
48        // Lese alle Karten aus der Datenbank (zweimal)
49        // Führe Karten und Duplikate in ein Array zusammen
50        //Mische die Karten
51        // Übergebe die Karten an die View
52    }
53
```

*Abbildung 56: Pseudocode der boardAction() Funktion,
memory/Classes/Controller/GameController.php*

im echten Code sieht es wie folgt aus:

```
41    /**
42     * action list
43     *
44     * @return void
45     */
46    public function boardAction()
47    {
48        // Lese alle Karten aus der Datenbank (zweimal)
49        $cards = $this->cardsRepository->findAll()->toArray();
50        $duplicates = $this->cardsRepository->findAll()->toArray();
51        // Führe Karten und Duplikate in ein Array zusammen
52        $cards = array_merge($cards, $duplicates);
53        //Mische die Karten
54        shuffle($cards);
55        // Übergebe die Karten an die View
56        $this->view->assign('cards', $cards);
57    }
58
```

*Abbildung 57: boardAction() Algorithmus,
memory/Classes/Controller/GameController.php*

4.1.3.2 saveHighscoreAction($highscore)

In dieser Action Funktion nehmen wir den AJAX Request entgegen und speichern die Highscore Daten mit dem Model über die Repository in der Datenbank.
Der Algorithmus dieser Funktion sieht wie folgt aus:

1. Validierung der neuen Highscore Daten
2. Speicherung der Daten in der Datenbank
3. Antwort vorbereiten

4. Übergabe des Ergebnisses als JSON an die View

```
70
71-    /**
72     * Save highscore (AJAX)
73     * @param \Slavlee\Memory\Domain\Model\Highscore $newHighscore
74     * @return void
75     * @validate $highscore \Slavlee\Memory\Domain\Validator\HighscoreValidator
76     */
77-    public function saveHighscoreAction(\Slavlee\Memory\Domain\Model\Highscore $highscore)
78     {
79         // Speicherung der Daten in der Datenbank
80         // Antwort vorbereiten
81         // Übergabe des Ergebnis als JSON an die View
82     }
```

Abbildung 58: Pseudocode der saveHighscoreAction() - Funktion, memory/Classes/Controller/GameController.php

Der erste Schritt ist nicht Teil des Pseudocodes, weil er mit der Annotation: @validate abgedeckt ist. Wenn Extbase in der Zeile 79 (Abb.: 58) angekommen ist, dann ist die Validierung erfolgreich durchgeführt worden und das Objekt: $highscore enthält gültige Daten.

Der ausprogrammierte Code sieht wie folgt aus:

```
70
71-    /**
72     * Save highscore (AJAX)
73     * @param \Slavlee\Memory\Domain\Model\Highscore $newHighscore
74     * @return void
75     * @validate $highscore \Slavlee\Memory\Domain\Validator\HighscoreValidator
76     */
77-    public function saveHighscoreAction(\Slavlee\Memory\Domain\Model\Highscore $highscore)
78     {
79         // Speicherung der Daten in der Datenbank
80         $this->highscoreRepository->add($highscore);
81         // Antwort vorbereiten
82         $jsonResponse = [
83             'state' => 'success'
84         ];
85         // Übergabe des Ergebnis als JSON an die View
86         $this->view->assign('json', json_encode($jsonResponse));
87     }
88
```

Abbildung 59: saveHighscoreAction() Algorithmus, memory/Classes/Controller/GameController.php

Die Speicherung der neuen Highscore Daten ist über das Repository sehr einfach. Dies sehen Sie in Zeile 80 (Abb.: 59).
In Zeile 82 - 84 (Abb.: 59) wird die Antwort dieser AJAX Anfrage erstellt. Das geschieht in diesem Fall über ein assoziatives Array mit dem Schlüssel: **state** und dem Wert; **success**.
Als letztes wird in Zeile 86 (Abb.: 59) das Array in ein JSON - String konvertiert und der View übergeben.

Das Besondere dieser Funktion ist, dass wir sie via AJAX aufrufen und somit die Antwort in ein JSON - Format vorbereiten.

Im Kapitel: AJAX (S. 89) wird dieses Thema weiter vertieft.

4.2 Validierung der Formulardaten

In der `saveHighscoreAction()` Funktion haben wir einen eigenen Validator zur Überprüfung des Highscore Models angegeben.

```
70
71     /**
72      * Save highscore (AJAX)
73      * @param \Slavlee\Memory\Domain\Model\Highscore $newHighscore
74      * @return void
75      * @validate $highscore \Slavlee\Memory\Domain\Validator\HighscoreValidator
76      */
77     public function saveHighscoreAction(\Slavlee\Memory\Domain\Model\Highscore $highscore)
78     {
79         // Speicherung der Daten in der Datenbank
80         $this->highscoreRepository->add($highscore);
81         // Antwort vorbereiten
82         $jsonResponse = [
83             'state' => 'success'
84         ];
85         // Übergabe des Ergebnis als JSON an die View
86         $this->view->assign('json', json_encode($jsonResponse));
87     }
88
```

*Abbildung 60: Validierung per Annotation,
memory/Classes/Controller/GameController.php*

Durch die Annotation: `@validate` lässt sich der Eingangsparameter: `$highscore` validieren, bevor die Funktion selbst aufgerufen wird. Die `@validate` - Annotation ist wie folgt aufgebaut:

<Name des Eingangsparameters mit $ - Zeichen> <Name der Validator Klasse mit Namespace Angabe)

Die Validator Klasse finden wir also unter memory/Classes/Domain/Validator/HighscoreValidator.php

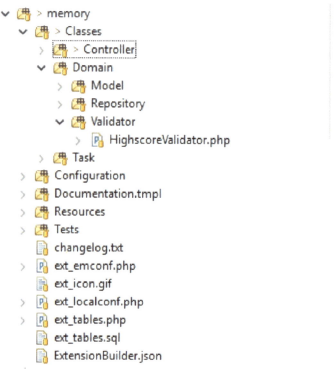

Abbildung 61: Ordner des HighscoreValidator

Jeder Validator muss von der abstrakten Klasse abgeleitet werden: `\TYPO3\CMS\Extbase\Validation\Validator\AbstractValidat` `or` und die Funktion: `isValid()` implementieren.

In unserem Validator prüfen wir, ob der Highscore eine gültige Zahl ist und ob der Benutzername ausschließlich aus Buchstaben besteht. Ist das nicht der Fall, dann wird eine Fehlermeldung erzeugt, die wiederum mehrsprachig ist.

Der Pseudocode sieht wie folgt aus:

```
23   */
24  class HighscoreValidator extends \TYPO3\CMS\Extbase\Validation\Validator\AbstractValidator {
25
26     /**
27      * {@inheritDoc}
28      * @see \TYPO3\CMS\Extbase\Validation\Validator\AbstractValidator::isValid()
29      */
30     public function isValid($newHighscore)
31     {
32         // Benutzername aus den Highscoredaten lesen
33
34         /* Benutzername prüfen. Benutzername soll nur aus
35            Buchstaben bestehen mit maximal 255 Buchstaben */
36         |
37         // Score prüfen. Score muss eine gültige Ganzzahl sein und größer Null sein
38     }
39  }
```

Abbildung 62: Pseudocode der isValid() - Funktion,
memory/Classes/Domain/Validator/HighscoreValidator.php

und der ausprogrammierte Code, so:

```
] HighscoreValidator.php ⊠    locallang.xlf    de.locallang.xlf

25
26     /**
27      * {@inheritDoc}
28      * @see \TYPO3\CMS\Extbase\Validation\Validator\AbstractValidator::isValid()
29      */
30     public function isValid($newHighscore)
31     {
32         // Benutzername aus den Highscoredaten lesen
33         $username = $newHighscore->getUsername();
34
35         /* Benutzername prüfen. Benutzername soll nur aus Buchstaben bestehen mit
36          * maximal 255 Buchstaben
37          */
38         if (empty($username) || preg_match('/[A-z]{1,255}/', $username) !== 1)
39         {
40             $this->addError(
41                 $this->translateErrorMessage('validator.highscore.username', 'memory'),
42                 time()
43             );
44         }
45
46         // Score prüfen. Score muss eine gültige Ganzzahl sein und größer Null sein
47         $score = $newHighscore->getScore();
48
49         if ($score == 0 || !is_numeric($score))
50         {
51             $this->addError(
52                 $this->translateErrorMessage('validator.highscore.score', 'memory'),
53                 time()
54             );
55         }
56     }
57  }
```

Abbildung 63: isValid() - Algorithmus,
memory/Classes/Domain/Validator/HighscoreValidator.php

Der Eingangsparameter ist die Variable, die wir per `@validate` - Annotation angegeben haben. In unserem Fall ist es ein Objekt der Klasse: `Slavlee\Memory\Model\Highscore`.

In der Zeile 38 (Abb.: 63) prüfen wir ob der Benutzername leer ist und ob er aus maximal 255 Buchstaben besteht.

Die Prüfung auf Buchstaben wird über einen regulären Ausdruck umgesetzt. Dieser reguläre Ausdruck prüft, ob der Benutzername aus den Zeichen des Alphabets besteht und mindestens 1 und maximal 255 Zeichen hat. Darüber hinaus werden sowohl Groß- als auch Kleinbuchstaben toleriert.

Wenn der Benutzername leer ist, oder aus einem Zeichen besteht welcher nicht Teil des Alphabets ist, dann greift die IF - Bedingung und ein Fehler wird erzeugt.

Die `addError()` - Funktion steht jedem Validator zur Verfügung. Der erste Parameter ist die Fehlermeldung und der zweite Parameter ein eindeutiger Code zur Identifizierung. Es empfiehlt sich den aktuellen Zeitstempel zu übermitteln.

Die Nachricht ist in unserer Extension mit der TYPO3 Localization verbunden. Das ist innerhalb des Validators in der einfachsten Umsetzung mit der folgenden Funktion möglich:

```
translateErrorMessage($translateKey, $extensionName,
$arguments=[])
```

Der erste Parameter ist der Schlüssel bzw. ID des Elements aus der Sprachdatei und der zweite Parameter ist der Name der Extension. Der dritte Parameter ist optional und bietet die Möglichkeit dynamische Werte zu übergeben.

Der Text in der Sprachdatei kann Platzhalter enthalten, um dynamische Werte in den vorgefertigten Texten zu integrieren.

Für String - Werte gibt es den Platzhalter: "%s" (ohne ""). Dieser lässt sich mit einem PHP String oder Variable über den dritten Parameter übergeben und ersetzen. Der dritte Parameter erwartet ein Array. Dabei werden die Platzhalter in der Reihenfolge der Werte im Array ersetzt, das heißt der erste Wert im Array ersetzt den ersten Platzhalter usw.

Extbase nutzt hier die PHP eigene Funktion: `sprintf()`. In der offiziellen PHP Dokumentation (http://php.net/manual/de/function.sprintf.php) finden Sie alle weiteren Platzhalter aufgelistet.

84

Die Validierung des Score Wertes geschieht in ähnlicher Form in den Zeilen 46-55 (Abb.: 63).

4.2.3 Speicherung des Models in die Datenbank

Die Speicherung des *Models* erfolgt über das zugehörige Repository. Das Repository trägt den gleichen Namen wie das *Model*. Dadurch stellt Extbase die Verbindung mit der jeweiligen Datenbanktabelle her.

Anhand der *uid* des *Models* erkennt Extbase, ob es sich um einen neuen oder bereits vorhandenen Eintrag handelt. Dann muss lediglich das *Model* der Repository übergeben werden. Dafür gibt es unter anderem folgende Funktionen:

1. add($highscore)
2. update($highscore)
3. delete($highscore)

In unserem Fall handelt es sich immer um einen neuen Highscore Eintrag. Der Code ist bereits im Controller angegeben:

```
71    /**
72     * Save highscore (AJAX)
73     * @param \Slavlee\Memory\Domain\Model\Highscore $newHighscore
74     * @return void
75     * @validate $highscore \Slavlee\Memory\Domain\Validator\HighscoreValidator
76     */
77    public function saveHighscoreAction(\Slavlee\Memory\Domain\Model\Highscore $highscore)
78    {
79        // Speicherung der Daten in der Datenbank
80        $this->highscoreRepository->add($highscore);
81        // Antwort vorbereiten
82        $jsonResponse = [
83            'state' => 'success'
84        ];
85        // Übergabe des Ergebnis als JSON an die View
86        $this->view->assign('json', json_encode($jsonResponse));
87    }
```

Abbildung 64: Speicherung des Highscore Models via Repository, memory/Classes/Controller/GameController.php

Es ist keine weitere Programmierung nötig. Sobald Extbase die *Action* Funktion korrekt beendet und den Request abgearbeitet hat, schließt die Repository die Transaktion erfolgreich ab und die Änderungen werden permanent.

KAPITEL 5
AJAX

Im Kapitel 4.1.3: Der Memory Controller (S. 78) wurde bereits die saveHighscore() - Funktion implementiert und eine AJAX optimierte Response generiert. Wir wollen hier einen kleinen Schritt zurück machen und zunächst klären, was AJAX ist und was wir in TYPO3 dabei beachten müssen.

5.1 Was ist AJAX?

AJAX ist eine Technologie um HTTP Request via Javascript durchzuführen. Das Besondere dabei ist, dass diese Requests asynchron ablaufen und somit im Hintergrund stattfinden. Das bedeutet, dass Informationen verarbeitet und angefragt werden können, ohne dass der Browser neu geladen werden muss.

5.2 Wie lässt sich AJAX in TYPO3 umsetzen?

Es gibt mehrere Wege ein AJAX - Request zu implementieren. Im oberen Beispiel nutzen wir einen normalen Request über die Action - Funktion. D.h. dass wir einen Request produzieren müssen, bei dem der Controller und die Action Funktion unseres Frontend Plugins angesteuert wird.
Das haben wir im Highscore Formular definiert:

```
📄 *GameController.php    📄 Board.html    📄 HighscoreForm.html ⊠
 1 <div id="highscore-form" title="{f:translate(key:'highscore-form-title')}">
 2      <f:form action="saveHighscore" object="{highscore}"
 3          name="highscore" additionalParams="{type: 100}">
 4          <fieldset>
 5              <f:form.hidden name="pid" value="{pid}" />
 6              <!--  <f:form.hidden id="highscore-form-save-highscore-url"
 7                  name="saveHighscoreUrl" value="{saveHighscoreUrl}" /> -->
 8              <f:form.hidden id="highscore-form-highscore" property="score" value="0" />
 9              <f:form.textfield id="highscore-form-username" property="username"
10                  value="" placeholder="{f:translate(key:'highscore-form-username')}" />
11          </fieldset>
12      </f:form>
13 </div>
```

Abbildung 65: Definition saveHighscoreAction() - Funktion in Fluid, memory/Resources/Private/Partials/Game/HighscoreForm.html

Die explizite Angabe des Controllers ist hier ebenfalls möglich. In diesem Fall haben wir ihn weggelassen, da der gleiche Controller aufgerufen werden soll, in dem wir uns momentan befinden. Fluid generiert dann automatisch die korrekte URL zur Ansteuerung unseres Controllers und Action Funktion.
Der Formularversand wird dann über ein jQuery Plugin mit einem AJAX Request gesendet.

Das jQuery Plugin ist nicht Teil dieses Kurses. Es wird lediglich gezeigt, wie man die URL zur Speicherung des Highscores angibt.

5.3 AJAX via typeNum

Das jQuery Plugin erwartet eine Antwort im JSON Format (JavaScript Object Notation). JSON ist ein spezielles Textformat, welches Javascript Objekte beschreibt.
Bei Speicherung des Models in die Datenbank (Kapitel 4.2.3, S. 85) haben wir den Code zum Speichern des Highscores und die Generierung der JSON Antwort gesehen.
Die JSON Antwort, die das jQuery Plugin empfängt, sieht wie folgt aus:

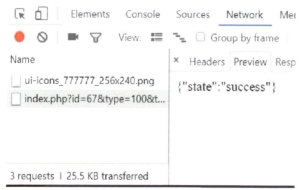

Abbildung 66: JSON Response der saveHighscoreAction() - Funktion

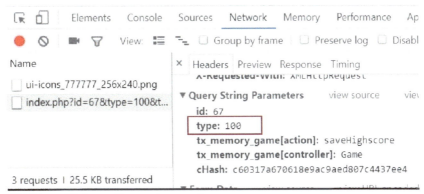

Abbildung 67: type - Requestparameter

Der Unterschied zu einem normalen Request liegt in der Angabe des *type* Parameters.

Dieser ist ein spezieller Parameter in TYPO3, da er im TypoScript abgefragt werden kann. Die Aufgabe ist es das Seitentemplate oder die Konfiguration der Seitentemplates zu wechseln. Dadurch lassen sich verschiedene Ansichten konfigurieren. Einsatzgebiete sind unter anderem:

- Druckansicht
- XML
- JSON

Wir nutzen den *type* Parameter um die Ausgabe in ein JSON Format zu realisieren.

5.3.1 TypoScript

Die TypoScript Konfiguration sieht wie folgt aus:

```
80
81 ajaxCall = PAGE
82 ajaxCall {
83     typeNum = 100
84     10 < tt_content.list.20.memory_game
85
86     config {
87         disableAllHeaderCode = 1
88         xhtml_cleaning = 0
89         admPanel = 0
90         debug = 0
91         no_cache = 1
92         contentObjectExceptionHandler = 0
93     }
94
95     page.config.contentObjectExceptionHandler = 0
96 }
```

Abbildung 68: typeNum - TypoScript Konfiguration,
memory/Configuration/TypoScript/setup.ts

Wir definieren ein neues PAGE - Objekt und weisen ihm die *typeNum* 100 zu. TYPO3 wird dann automatisch diese Seitenkonfiguration nutzen, wenn der Request den Parameter: **type** mit dem Wert 100 enthält.
Die einzige Ausgabe die uns in diesem Request interessiert, ist die unseres Frontendplugins. Alle weiteren Ausgaben wie HTML Header, Seitentemplate Elemente und sonstige CSS/JS Datei Einbindungen werden nicht gebraucht.

Zur Erinnerung:
Dieser Request wird via jQuery Plugin bei der Speicherung der Highscoredaten ausgelöst. Als Antwort bekommen wir eine Erfolgsmeldung die im JSON Format ausgeliefert wird.

In der Zeile 84 (Abb.: 68) wird genau das definiert. In der Ausgabeposition 10 wird das Inhaltselement vom Typ: memory_game zugewiesen. In den Zeilen 86 - 93 (Abb.: 68) wird die Generierung des Headerbereichs der HTTP Antwort unterdrückt, die xHTML Reinigungsprozesse, als auch Debug - Modus und Cache deaktiviert.

Die Konfiguration in Zeile 92 und 95 (Abb.: 68) ist für eine bessere Fehlerausgabe in Extbase verantwortlich. Dadurch werden Exceptions mit einem Verlauf (Stacktrace) im Frontend angezeigt.

Mit diesen wenigen Zeilen haben wir im TypoScript eine neue Seitenkonfiguration erstellt. Wir können nun dazu übergeben den Controller und den View Teil für die AJAX Requests via type – Parameter zu erstellen.

Der Vorteil dieser Technik ist, dass alle Extbase Features wie Injections, Repositories oder User Sessions genutzt werden können.

Falls man jedoch viele dieser Standardfeatures nicht braucht, dann sollte man AJAX via eID umsetzen. Die Gründe dafür werden im Kapitel 5.4 genannt.

Zunächst wollen wir uns den Controller und View Teil der typeNum Umsetzung ansehen.

5.3.2 Controller

```
66 /**
67  * Save highscore (AJAX)
68  * @param \Slavlee\Memory\Domain\Model\Highscore $highscore
69  * @return void
70  * @validate $highscore \Slavlee\Memory\Domain\Validator\HighscoreValidator
71  */
72 public function saveHighscoreFormAction(\Slavlee\Memory\Domain\Model\Highscore $highscore)
73 {
74     //Speicherung der Daten in die Datenbank
75     $this->highscoreRepository->add($highscore);
76
77     //Antwort vorbereiten
78     $jsonResponse = [
79         'state' => 'success'
80     ];
81
82     //Übergabe des Ergebnisses als JSON an die View
83     $this->view->assign('json', json_encode($jsonResponse));
84 }
85
```

Abbildung 69: saveHighscoreAction für type - Requests,
memory/Classes/Controller/HighscoreController.php

Der Controller – Teil besteht aus einer Funktion, diese Funktion ist das Ziel der AJAX Requests aus dem Highscore Formular sind. Die `saveHighscoreFormAction()` – Funktion erwartet einen Parameter. Dieser Parameter ist eine Instanz aus dem Highscore Model. Diese Instanz wird von Extbase anhand der eingegebenen Daten im Highscore Formular automatisch erzeugt.

Innerhalb der Funktion wird das Highscore Objekt in der Zeile 75 (Abb.: 69) der Repository übergeben und dadurch in der Datenbank gespeichert. Im Anschluss wird eine JSON Antwort erstellt und der View in der Zeile 83 (Abb.: 69) übergeben.

5.3.3 View

```
P GameController.php       SaveHighscoreForm.html ⊠
1  <f:layout name="Ajax" />
2  <f:section name="main">
3      <f:format.raw>{json}</f:format.raw>
4  </f:section>
```

Abbildung 70: SaveHighscoreForm Template,
memory/Resources/Private/Game/SaveHighscoreForm.html

Die Abbildung 69 zeigt das Template der *Action* – Funktion: `saveHighscoreFormAction()`. Das Template gibt in der Zeile 1 an, dass ein neues Layout mit dem Namen: Ajax genutzt werden soll. Das Layout: Ajax sieht wie folgt aus:

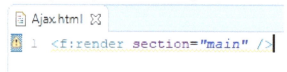

```
Ajax.html ⊠
1  <f:render section="main" />
```

Abbildung 71: Ajax - Layout, memory/Resources/Private/Layouts/Ajax.html

Das Layout gibt keine HTML Elemente aus und definiert lediglich eine *Section* (Abb.: 71, Zeile 1). Das ist soweit notwendig, weil die HTTP Antwort dieses Requests vom Format: JSON ist. Eine JSON Antwort besteht aus keine HTML Tags, sondern aus einer Zeichenkette im JSON Format.

In der Abbildung 70 greift die im Layout angegeben *Section* in der Zeile 2 auf. Innerhalb dieser *Section* wird die Variable: json

ausgegeben. Diese Variable enthält die JSON Antwort, welche wir im Controller (Abb.: 69, Zeile 77 – 80) definiert haben.
Da Fluid die Ausgabe von Variablen formatiert, nutzen wir einen *ViewHelper* um diese Formatierung zu beeinflussen.

Hinweis:
ViewHelper sind Hilfsklassen die die HTML Darstellung beeinflussen können.

Den ViewHelper den wir hier brauchen ist `format.raw`. Dieser ViewHelper bewirkt, dass der Inhalt der Variable: json unverändert ausgegeben wird. Dieses Verhalten ist in diesem Fall gewünscht, da wir im Controller ein valides JSON - Format generiert haben. Jede unkontrollierte Änderung an diesem Format würde es ungültig machen und eine weitere Nutzung im JavaScript wäre nicht möglich.

Damit sind wir mit der Implementierung von AJAX via *typeNum* fertig. Im nächsten Kapitel schauen wir uns die Umsetzung via eID – Parameter an.

5.4 AJAX via eID

Der eID - Parameter ist ein weiterer spezieller Parameter in TYPO3. Man kann hinter dieser ID, welche man frei vergeben kann, eine Klasse und Funktion hinterlegen. Diese Klasse und Funktion wird dann von TYPO3 aufgerufen. Die eID Klasse finden sie in dem Ordner:
`memory\Classes\Controller\Eid\GameEidController.php`.
Dort ist die Funktion mit dem gleichen Namen: `saveHighscore`, wie in der typeNum Umsetzung zu finden. Diese Funktion erwartet zwei Eingangsparameter:

```
/**
 * AJAX: POST Request save highscore
 * @param \TYPO3\CMS\Core\Http\ServerRequest $request
 * @param \TYPO3\CMS\Core\Http\Response $response
 * @return void
 */
public function saveHighscore( \TYPO3\CMS\Core\Http\ServerRequest $InRequest,
                               \TYPO3\CMS\Core\Http\Response $InResponse)
{
```

Abbildung 72: eID - Funktion,
memory/Classes/Controller/Eid/GameEidController.php

Das Besondere dabei ist, dass keine der Standardprozesse von TYPO3 angestoßen werden. Es werden keine Klassen über Injections initialisiert, keine Sprachdateien gelesen oder Benutzersessions erstellt. Dass macht diese Aufrufe besonders performant.

Wir wollen als Gegenbeispiel den Highscore über das eID - Feature speichern. Die Klasse und Funktion sieht wie folgt aus:

5.4.1 EidAbstractEidController

Der Einstiegspunkt ist die `initialize()` - Funktion.

5.4.1.1 initialize()

```
75   /**
76    * Initialize AbstractEidController
77    * @param integer $inStoragePid
78    * @return void
79    */
80   public function initialize($inStoragePid)
81   {
82       // Hilfsobjekt, welcher den Extensionnamen und die StoragePid enthalt.
83       if (is_numeric($inStoragePid))
84       {
85           $this->pluginStruct = new \stdClass();
86           $this->pluginStruct->extensionName = 'memory';
87           $this->pluginStruct->pid = intval($inStoragePid);
88       }else
89       {
90           throw new \Exception(
91               LocalizationUtility::translate('typoscript.error.configuration',
92                   'memory'), time()
93               );
94       }
95
96       // Extension TCA initialisieren
97       EidUtility::initExtensionTCA(
98           GeneralUtility::camelCaseToLowerCaseUnderscored(
99               $this->pluginStruct->extensionName
100              )
101          );
102
103      // Sprache initialisieren
104      EidUtility::initLanguage();
105      self::initializeTS();
```

Abbildung 74: Initialisierung der View im eID - Kontext,
memory/Classes/Controller/Eid/AbstractEidController.php Teil 1

```
107    // Objectmanager initialisieren um Klassen zu instanziieren.
108    if (!$this->objectManager)
109    {
110        $this->objectManager = GeneralUtility::makeInstance('TYPO3\\CMS\\Extbase\\Object\\ObjectManager');
111    }
112
113    // Configuration Manager initialisieren um auf den Objektrenderer zuzugreifen
114    if (!$this->configurationManager)
115    {
116        $this->configurationManager = $this->objectManager
117                            ->get('TYPO3\\CMS\\Extbase\\Configuration\\ConfigurationManager');
118        $contentObjectRenderer = $this->objectManager
119                            ->get(\TYPO3\CMS\Frontend\ContentObject\ContentObjectRenderer::class);
120        $this->configurationManager->setContentObject($contentObjectRenderer);
121    }
122
123    // PersistenceManager initialisieren um Datenbanktransaktionen zu committen
124    if (!$this->persistenceManager)
125    {
126        $this->persistenceManager = $this->objectManager
127                            ->get('TYPO3\\CMS\\Extbase\\Persistence\\Generic\\PersistenceManager');
128    }
129
130    // UriBuilder initialisieren zur Erstellung von Urls
131    if (!$this->uriBuilder)
132    {
133        $this->uriBuilder = $this->objectManager->get( \TYPO3\CMS\Extbase\Mvc\Web\Routing\UriBuilder::class );
134    }
135 }
```

Abbildung 75: Initialisierung der View im eID - Kontext,
memory/Classes/Controller/Eid/AbstractEidController.php Teil 2

In den Zeilen 83 bis 94 (Abb.: 74) erstellen wir ein Hilfsobjekt.
Dieses speichert der Name der Extension und die StoragePid.
Diese Informationen werden wir im Folgenden immer wieder
brauchen. Damit wir die zentralen Daten kompakt im Zugriff haben,
speichern wir diese in ein Hilfsobjekt. Dafür bietet sich die stdClass
sehr gut an. Diese Klasse ermöglicht es zur Laufzeit neue
Eigenschaften zu erstellen. So geschehen in den Zeilen 86 und 87
(Abb.: 74).

In den Zeilen 96 bis 101 (Abb.: 74) wird die TCA der Extension
geladen. Dadurch werden die *Model*s Highscore und Cards in
TYPO3 und somit auch Extbase bekannt.

Im nächsten Block (Zeile 104, der Abb.: 74) wird der Sprachservice
geladen, damit wir auf unsere Texte in den Sprachdateien zugreifen
können.

Danach werden diverse Manager, wie in der Abbildung 75 gezeigt,
initialisiert:

- Object Manager
- Configuration Manager
- Persistence Manager

Der Object Manager wird benötigt um alle weiteren Klassen zu instanziieren. Grundsätzlich ist es ratsam alle Klassen mit dem Object Manager zu instanziieren. Dieser prüft ob weitere Prozesse für diese Klasse angestoßen werden müssen, oder ob `GeneralUtility::makeInstance()` ausreicht.

Der Configuration Manager ermöglicht es auf das TypoScript seiner Extension zuzugreifen. Leider gilt das nur in einem frontendbezogenen Kontext. In einer eID – Funktion wird das Frontend allerdings nicht initialisiert, weshalb für die eID Umsetzung das Frontend erst simuliert werden muss. Das geschieht in der Funktion: `initializeTS()` in den Zeilen 151 – 189 (Abb.: 76).

```php
150 /**
151  * Initialize TypoScript
152  * @return void
153  */
154 public function initializeTS()
155 {
156     $pageId = GeneralUtility::_GET('id') ?: 1;
157
158     if( !is_object( $GLOBALS['TT'] ) )
159     {
160         $GLOBALS['TT'] = new \TYPO3\CMS\Core\TimeTracker\TimeTracker();
161         $GLOBALS['TT']->start();
162     }
163
164     $typoScriptFrontendController = GeneralUtility::makeInstance(
165         'TYPO3\\CMS\\Frontend\\Controller\\TypoScriptFrontendController',
166         $GLOBALS['TYPO3_CONF_VARS'],
167         $pageId,
168         0,
169         true
170     );
171     $GLOBALS['TSFE'] = $typoScriptFrontendController;
172     $typoScriptFrontendController->connectToDB();
173     $typoScriptFrontendController->fe_user = \TYPO3\CMS\Frontend\Utility\EidUtility::initFeUser();
174     $typoScriptFrontendController->determineId();
175     $typoScriptFrontendController->initTemplate();
176     $typoScriptFrontendController->getConfigArray();
177     EidUtility::initTCA();
178     /** @var TypoScriptService $typoScriptService */
179     $typoScriptService = GeneralUtility::makeInstance('TYPO3\\CMS\\Extbase\\Service\\TypoScriptService');
180     $pluginConfiguration = $typoScriptService->convertTypoScriptArrayToPlainArray(
181                 $typoScriptFrontendController->tmpl->setup['plugin.']['tx_memory_game.']
182             );
183     $this->settings = $pluginConfiguration['settings'];
184
185     if( \TYPO3\CMS\Core\Utility\ExtensionManagementUtility::isLoaded( 'realurl' ) )
186     {
187         $rootline = \TYPO3\CMS\Backend\Utility\BackendUtility::BEgetRootLine( $pageId );
188         $host = \TYPO3\CMS\Backend\Utility\BackendUtility::firstDomainRecord( $rootline );
189         $_SERVER['HTTP_HOST'] = $host;
190     }
191 }
```

Abbildung 76: Erstellung des Frontendkontextes in TYPO3, memory/Classes/Controller/Eid/AbstractEidController.php

Der Persistence Manager muss im eID Kontext explizit instanziiert werden, um alle Datenbankoperationen abzuschließen. Nur dadurch werden die Daten in der Datenbank festgeschrieben. Man spricht hierbei auch von „Transaktionen committen".

Der UriBuilder ist die Schnittstelle zur Erstellung von TYPO3 URLs.

Das ist die Basis des oben erstellten GameEidController. Alle wichtigen Komponenten zur Erzeugung eines Frontendkontextes sind initialisiert und können vom GameEidController genutzt werden.

Damit die Highscore Daten gespeichert werden können, fehlt noch die Erläuterung der Initialisierung der Highscore Repository:

```php
28  class GameEidController extends AbstractEidController
29  {
30      /*****************************************************************
31       * PROPERTIES AND CONSTRUCTORS - START
32       *****************************************************************/
33      /**
34       * Repository for chats
35       * @var \Slavlee\Memory\Domain\Repository\HighscoreRepository
36       * @inject
37       */
38      protected $highscoreRepository;
39
40      /**
41       * Initialize ChatController
42       * @param integer $inStoragePid
43       * @return void
44       */
45      public function initialize($inStoragePid)
46      {
47          parent::initialize($inStoragePid);
48
49          if (!$this->highscoreRepository)
50          {
51              $this->highscoreRepository = $this->objectManager->get(
52                      'Slavlee\\Memory\\Domain\\Repository\\HighscoreRepository');
53              $QuerySettings = $this->highscoreRepository->createQuery()->getQuerySettings();
54
55              if ($inStoragePid == 0)
56              {
57                  $QuerySettings->setRespectStoragePage(false);
58              }else
59              {
60                  $StoragePids = $QuerySettings->getStoragePageIds();
61                  $StoragePids[] = $inStoragePid;
62                  $QuerySettings->setStoragePageIds($StoragePids);
63              }
64
65              $this->highscoreRepository->setDefaultQuerySettings($QuerySettings);
66          }
67      }
68      /*****************************************************************
69       * PROPERTIES AND CONSTRUCTORS - END
70       *****************************************************************/
```

Abbildung 77: initialize() - Funktion des GameEidControllers, memory/Classes/Controller/GameEidController.php

Sie sehen in der Zeile 28 (Abb.: 77), dass der GameEidController von dem erstellten AbstractEidController erbt. Dadurch steht dem GameEidController alle Funktionen der abstrakten Klasse zur

Verfügung.

In den Zeilen 33 bis 38 (Abb.: 77) definieren wir eine Eigenschaft: `$highscoreRepository`. Diese soll eine Instanz der Repository des Highscore Models zugewiesen werden. Diese Initialisierung soll ebenfalls in einer `initialize()` – Funktion vorgenommen werden. Es ist äußerst sinnvoll immer gleiche Funktionsnamen für gleiche Vorgänge zu benutzen. Da es diese Funktion bereits in der abstrakten Klasse (AbstractEidController) gibt überschreiben für diese Funktion. Um jedoch die Funktionalität der `initialize()` – Funktion des AbstractEidControllers nicht zu verlieren, rufen wir diese Funktion in der Zeile 47 (Abb.: 77) auf.

In der Zeile 49 prüfen wir ob die Eigenschaft: `$highscoreRepository` bereits initialisiert wurde. Dies wird in der Regel nicht der Fall sein. Eine solche Prüfung kostet jedoch keine Rechenzeit und sollte meine Meinung nach vor jeder Initialisierung gemacht werden. Denn es gibt Situationen in denen Funktionen mehrfach ausgeführt werden und eine doppelte Initialisierung kostet wesentlich mehr Rechenzeit.

Da wir den Objekt Manager bereits im abstrakten Controller initialisiert haben, können wir diesen sofort nutzen und eine Instanz aus der Klasse: *HighscoreRepository* in der Zeile 51 (Abb.: 77) bilden.

Die Funkton: `initialize()` hat die *Storage PID* als Eingangsparameter.

Zur Erinnerung:
Die „Storage PID" ist die ID der Typo3 Seite denen die Datensätze unserer Extensions zugeordnet werden.

Die Repository nutzt die *Storage PID* automatisch. Da wir uns in einem Eid – Request befinden kennt Extbase nicht die korrekte ID des Typo3 Ordners in denen unsere Datensätze abgelegt sind. Aus diesem Grunde übergeben wir diese ID diesem Controller. Diese ID muss der Repository übergeben werden damit die Datensätze am richtigen Ort gesucht werden.

Deswegen prüfen wir in der Zeile 55 (Abb.: 77), ob die *Storage PID* übergeben wurde. Wenn ja, dann übergeben wir diese ID der Repository über die *Query Settings*. Diese erhalten wir in dem wir mit der Repository eine Query erstellen und dort die *Query Settings* auslesen. Da geschieht in der Zeile 53 (Abb.: 77)
In den Zeile 60 – 62 (Abb.: 77) fügen wir die neue Storage PID an der existierenden Liste von Storage PIDs für die aktuellen *Query Settings* ein. Falls keine Storage PID übergeben wurde, dann deaktivieren wir die Einbeziehung der Storage PID in der Repository und deaktivieren dieses Verhalten in der Zeile 57 (Abb.: 77).
Damit ist der GameEidController komplettiert und wir können diesen als eID Controller im Typo3 bekanntmachen damit unsere eID – Requests zur Speicherung der Highscore Daten zu diesem Controller weitergeleitet werden.
Das geschieht in der ext_localconf.php in der Zeile 41, wie folgt:

```
$GLOBALS['TYPO3_CONF_VARS']['FE']['eID_include']['GameE
idController::SaveHighscore'] =
\Slavlee\Memory\Controller\Eid\GameEidController::class
. '::saveHighscore';
```

Je nach Einsatzgebiet müssen Sie entscheiden, ob Sie den AJAX - Request über typeNum oder eID umsetzen. In unserem Fall ist die Nutzung der ersteren Variante besser, da wir relativ viele Grundfunktionen von Extbase benötigen und der zusätzliche TypoScript Aufwand damit gerechtfertigt ist.

KAPITEL 6
Scheduler

Der Scheduler ist ein Programm, welcher sogenannte Scheduler Tasks ausführt. Der Scheduler selbst ist ein CLI - Skript und muss vom Webserver über den PHP Interpreter regelmäßig aufgerufen werden. Das geschieht über einen Cronjob.

Die Scheduler Tasks sind zeitlich eingestellt und können einmalig oder wiederkehrend, in festen Zeitabständen, ausgeführt werden. Scheduler Tasks erledigen ihre Arbeit im Hintergrund und sind optimal geeignet für komplexere Exporte, die zeitlich deutlich länger brauchen als man dem Benutzer als Wartezeit zumuten möchte. Die Tasks können aber auch Aufräumarbeiten, wie das Löschen von temporären Daten übernehmen. Die Anwendungsbeispiele sind sehr vielfältig

6.1 Einrichtung des Schedulers

Zur Einrichtung des Schedulers ist in TYPO3 V8 muss man lediglich dem Webserver die Ausführungsrechte auf das CLI - Skript geben. Das CLI - Skript liegt im folgenden Ordner:

```
typo3/sysext/core/bin/typo3
```

Die Ausführungsrechte können sie via FTP oder SSH vergeben. Es reicht, wenn der Besitzer zusätzlich das Recht: Ausführen bekommt. In Filezilla sieht das wie folgt aus:

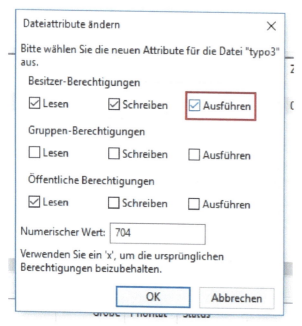

Abbildung 78: Zugriffsrechte setzen (chmod)

Im Anschluss können Sie die Konfiguration in Typo3 prüfen:

1. System
2. Scheduler
3. Setup check

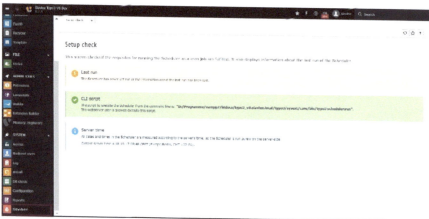

Abbildung 79: Setup Check

6.2 Scheduler Task

Typo3 bringt bereits einige Scheduler Tasks mit. Im Folgenden finden Sie meine Empfehlungen.

6.2.1 Update Extension list

Dieser Task aktualisiert die Datei, welche alle Versionen aller Extensions die in der TYPO3 Repository veröffentlicht sind, speichert. Dadurch wird Ihnen im TYPO3 Backend angezeigt, ob für die von Ihnen genutzten Extensions neue Versionen verfügbar sind. Dieser Task erspart Ihnen den manuellen Abgleich.

Die Liste der Extension finden Sie unter:

1. Admin Tools
2. Extensions

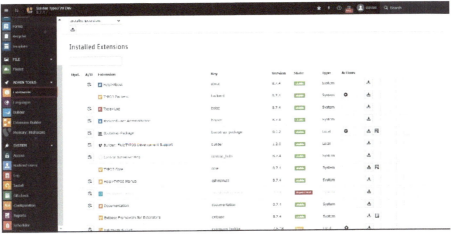

Abbildung 80: Extension list

Ich empfehle die Extension list einmal in der Woche zu aktualisieren. Die Konfiguration sieht wie folgt aus:

105

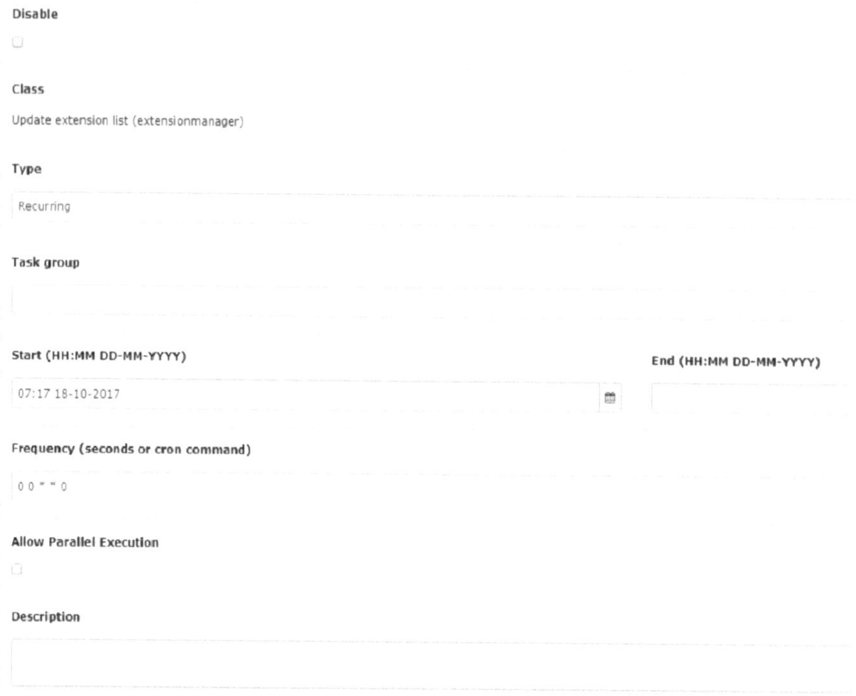

Disable

☐

Class

Update extension list (extensionmanager)

Type

Recurring

Task group

Start (HH:MM DD-MM-YYYY)

07:17 18-10-2017

End (HH:MM DD-MM-YYYY)

Frequency (seconds or cron command)

0 0 " " 0

Allow Parallel Execution

☐

Description

Abbildung 81: Konfiguration Scheduler Task: Extension list

6.2.2 Remove deleted records

Wenn man TYPO3 Seiten oder Inhaltselemente im TYPO3 Backend oder über die Repository löscht, dann werden diese Einträge in der Datenbank nicht entfernt. Diese Einträge werden als gelöscht markiert und werden nur noch im Papierkorb angezeigt. Der Papierkorb ist ein Backend Modul von TYPO3 Core und einsehbar unter:

1. Web
2. Recycler

Nun muss man im TYPO3 Seitenbaum auswählen, wo sich die gelöschten Seiten oder Inhalte befunden haben.

Die Konfiguration sieht wie folgt aus:

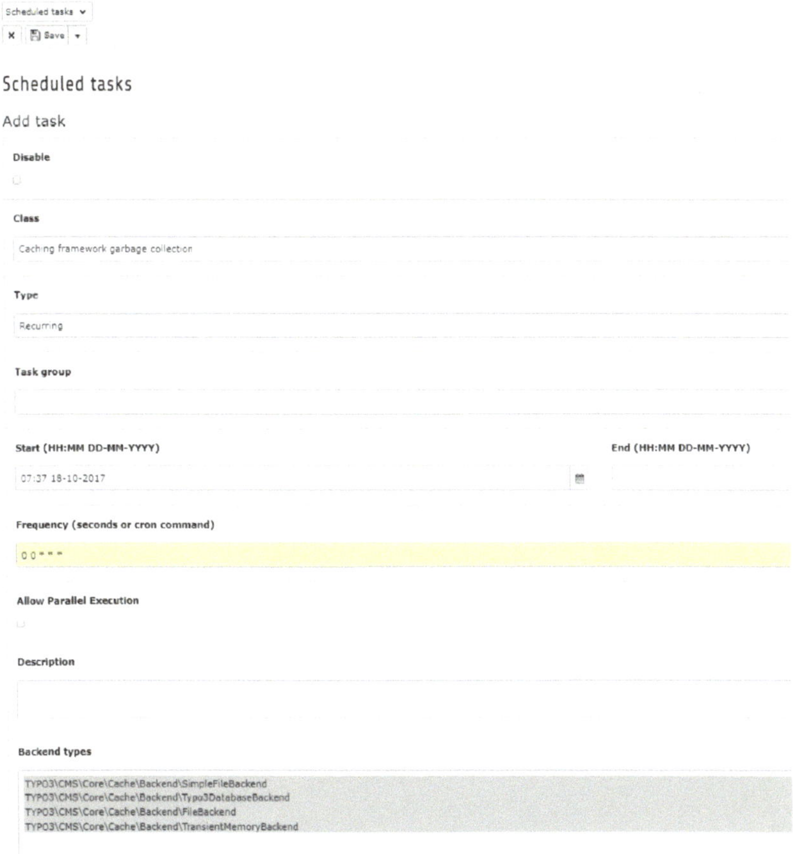

Abbildung 83: System Status Report

Der Status Report können sie einsehen unter:
1. System
2. Reports
3. Status Report

6.2.4 Caching Framework Garbage Collection

Das Caching Framework ist ein komplexes System, dass diverse
Daten von TYPO3 zwischenspeichert. Darunter Objekte, Klassen,
Data Mapping uvm. Jeder dieser Datensätze hat eine
Gültigkeitsdauer, welche von Extbase automatisch festgelegt wird.

109

Sobald diese abläuft, werden neue Datensätze erstellt, die Alten aber nicht automatisch entfernt.
Dieser Task löscht diese veralteten Einträge aus der Datenbank. Ich empfehle diesen Task einmal pro Tag durchlaufen zu lassen. Die Einstellung sieht wie folgt aus:

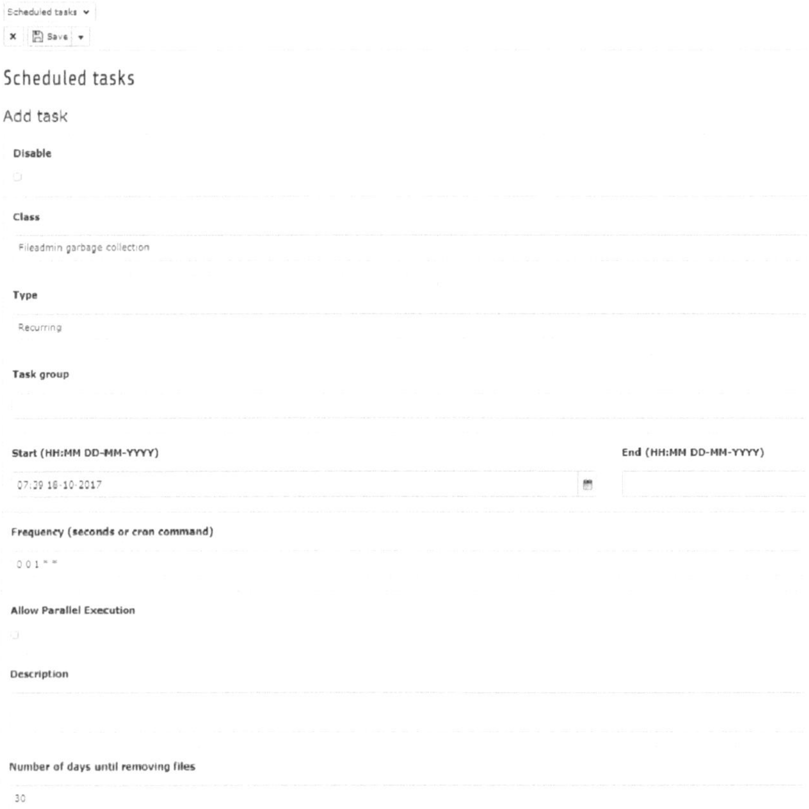

Abbildung 84: Caching Framework Garbage Collection

6.2.5 Fileadmin Garbage Collection

Im *fileadmin* bzw. in den File Storages werden Versionen von Bildern vorgehalten. Je nach Einstellung werden Bilder in unterschiedlichen Größen erstellt und in den *processed* Ordner abgelegt. Bei diesem Vorgang entsteht ebenfalls Datenmüll, welcher durch diesen Task entfernt werden kann.

110

Ich empfehle diesen Task einmal pro Monat durchlaufen zu lassen.
Die Einstellung sieht wie folgt aus:

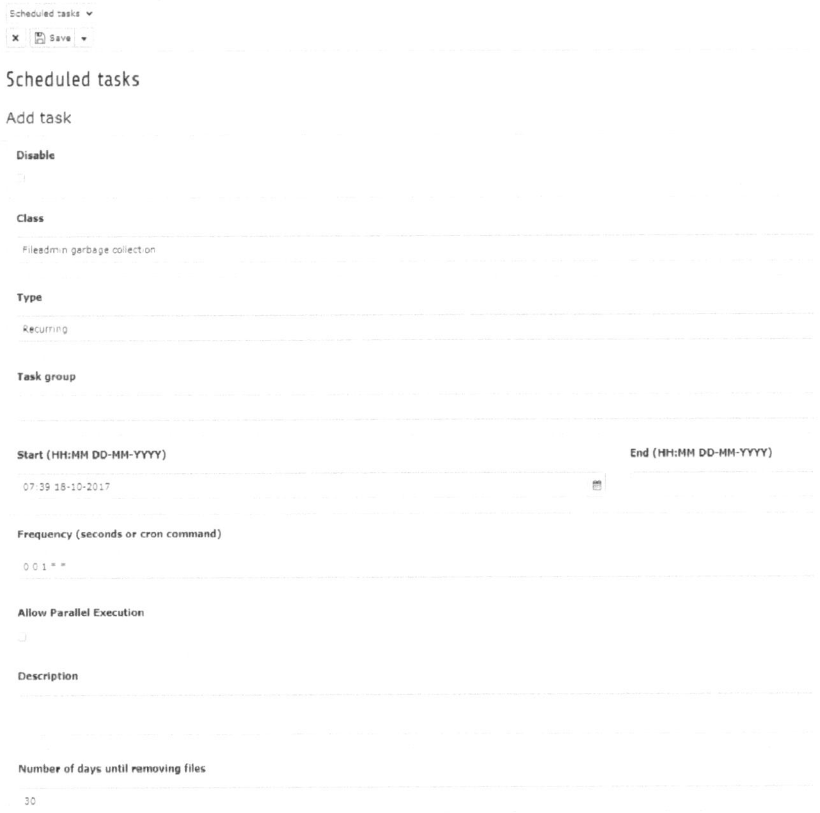

Abbildung 85: Fileadmin Garbage Collection

6.2.6 Table Garbage Collection (sys_log/sys_history)

Die *sys_log* und die *sys_history* Tabelle wird in TYPO3 sehr schnell
sehr groß insbesondere, wenn man sie nicht regelmäßig bereinigt.
Die *sys_log* Tabelle speichert jeden Logeintrag und davon gibt es
im TYPO3 System sehr viele. Nicht selten werden täglich Dutzende
neue Datensätze in dieser Tabelle erstellt.
Die *sys_log* ist einsehbar unter:

1. System
2. Log

111

Sie kann wichtige Informationen über Fehler beinhalten oder andere Informationen die die Administratoren für das Nachvollziehen von Fehlern oder Problemen brauchen. Diese Informationen müssen jedoch nicht für die Ewigkeit vorgehalten werden. Im schlimmsten Fall ist die Datenmenge so groß, dass man das Backend Modul: *Log* nicht mehr nutzen kann, weil es an die PHP Speichergrenzen stößt.

Deswegen empfehle ich diese Tabelle halb- oder ganzjährig zu bereinigen und den Task für *sys_log* so einzustellen, dass alle Einträge gelöscht werden die älter als 180 oder 360 Tage sind. In der Regel sind die Einträge der letzten 6-12 Monate ausreichend.

Die Einstellung sieht wie folgt aus:

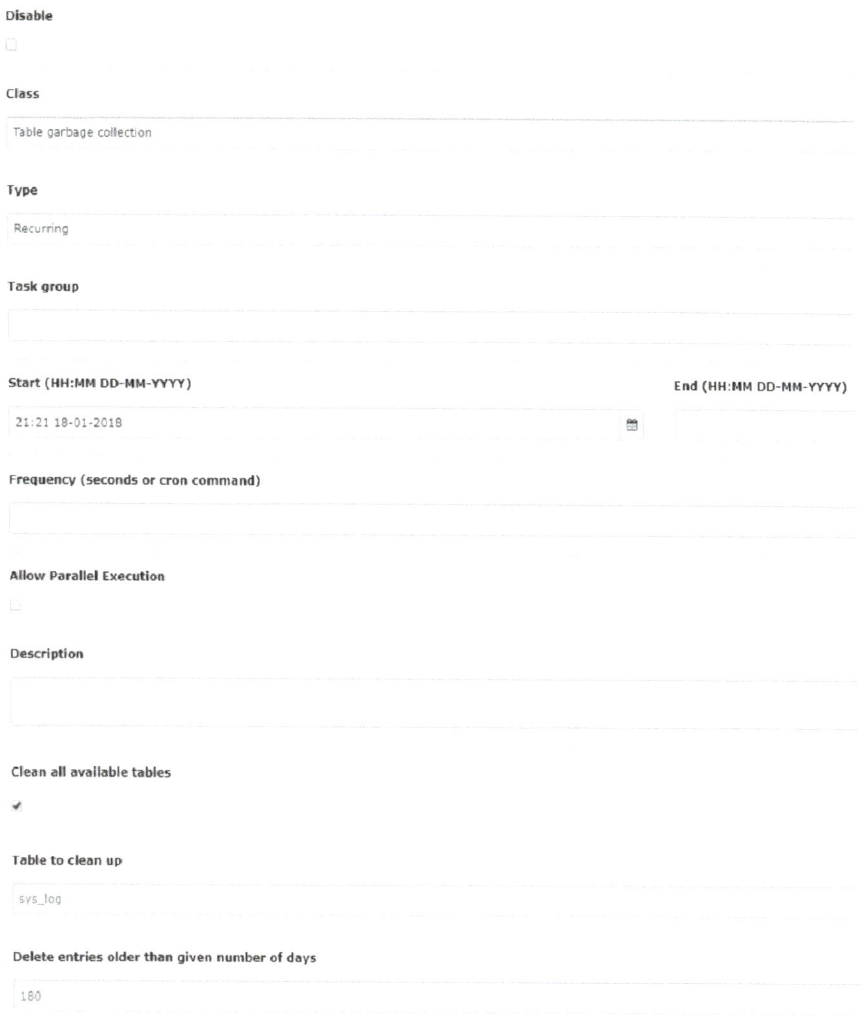

Disable

☐

Class

Table garbage collection

Type

Recurring

Task group

Start (HH:MM DD-MM-YYYY)   End (HH:MM DD-MM-YYYY)

21:21 18-01-2018   📅

Frequency (seconds or cron command)

Allow Parallel Execution

☐

Description

Clean all available tables

✔

Table to clean up

sys_log

Delete entries older than given number of days

180

Abbildung 86: Table Garbage Collection

Die *sys_history* enthält alle Backendaktivitäten der Backend
Benutzer. Dadurch lässt sich nachvollziehen, welcher Backend
Benutzer welche Einträge erstellt, bearbeitet oder gelöscht hat.
Diese Aktivitäten können sie auf jeder TYPO3 Seite und
Inhaltselement einsehen.

Die *sys_history* für eine TYPO3 Seite können sie im Kontextmenü einsehen:

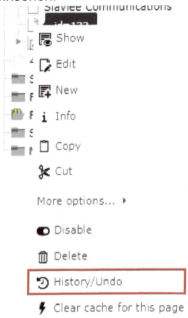

Abbildung 87: TYPO3 History

Für Inhaltselemente gehen Sie in die Bearbeitung und wählen dieses Icon aus:

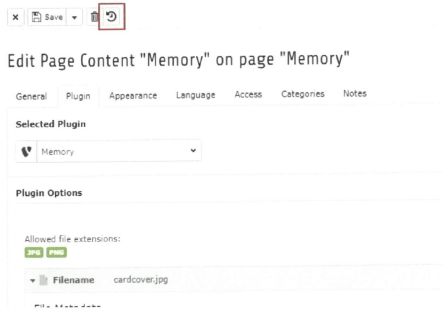

Abbildung 88: TYPO3 History

6.3 Eigenen Task erstellen

Um einen eigenen Scheduler Task zu erstellen müssen wir eine Klasse von `\TYPO3\CMS\Scheduler\Task\AbstractTask` ableiten und die Funktion: `execute()` ausprogrammieren:

```
18- /**
19   * LatestHighscoreTask
20   */
21- class LatestHighscoreTask extends \TYPO3\CMS\Scheduler\Task\AbstractTask
22  {
23      //...
24
25-     /**
26       *
27       * {@inheritDoc}
28       * @see \TYPO3\CMS\Scheduler\Task\AbstractTask::execute()
29       */
30-     public function execute()
31      {
32          $this->init();
33          $latestHighscore = $this->highscoreRepository->findLatestHighscore();
34          $result = true;
35
36          if ($latestHighscore)
37          {
38              try {
39                  $numberOfRescipients = $this->sendLatestHighscoreToAdmin(
40                                          $latestHighscore, 'info@slavlee.de');
41                  $result = true;
42              }catch(\Exception $e)
43              {
44                  $result = false;
45              }
46          }
47
48          return $result;
49      }
50      //...
```

Abbildung 89: Scheduler Task, memory/Classes/Task/LatestHighscoreTask.php

Der Scheduler ruft die Funktion: `execute()` auf und erwartet einen booleschen Wert als Rückgabe. Ist der Wert: TRUE, dann nimmt der Scheduler an, dass der Task korrekt durchgelaufen ist.

Ein Scheduler Task hat ein paar Besonderheiten. So stehen zum Beispiel folgende Features nicht zur Verfügung:

- Mehrsprachigkeit
- Injections
- Autom. Abschluss der Datenbanktransaktionen

Die *Injections* und die Datenbanktransaktionen können manuell vorgenommen werden, sofern diese benötigt werden.
In unserem obigen Beispiel initialisieren wir alle wichtigen Vorbedingungen in der `init()` - Funktion:

116

```
39   /**
40    * Initialise a LatestHighscoreTask
41    * @return void
42    */
43   public function init()
44   {
45       if (!$this->highscoreRepository)
46       {
47           $objectManager = \TYPO3\CMS\Core\Utility\GeneralUtility::makeInstance(
48                   'TYPO3\\CMS\\Extbase\\Object\\ObjectManager');
49           $this->highscoreRepository = $objectManager->get(
50                   'Slavlee\Memory\Domain\Repository\HighscoreRepository');
51       }
52   }
```

*Abbildung 90: Erstellung der Highscore Repository mit dem Objektmanager,
memory/Classes/Task/LatestHighscoreTask.php*

Wir prüfen in der Zeile 45 (Ab.: 90), ob das Highscore Repository
instanziiert wurde. Falls nicht, dann erstellen wir eine Instanz vom
Objektmanager und erstellen damit eine Highscore Repository
Instanz.
Dann lesen wir die aktuellsten Highscore Werte aus der Datenbank
über eine selbsterstellte Funktion:
`$this->highscoreRepository->findLatestHighscore();`
aus.

Diese sieht wie folgt aus:

```
25   /**
26    * Returns the last created highscore
27    * @return \Slavlee\Memory\Domain\Model\Highscore
28    */
29   public function findLatestHighscore()
30   {
31       $query = $this->createQuery();
32       $query  ->getQuerySettings()
33               ->setRespectStoragePage(false);
34       $query->setLimit(1);
35       return $query->execute()->current();
36   }
37   }
```

*Abbildung 91: findLatestHighscore() - Funktion,
memory/Classes/Domain/Repository/HighscoreRepository.php*

In der Zeile 31 (Abb.: 91) erstellen wir eine neue Query über die
geerbte Funktion: `createQuery()`. Dann verändern wird die
QuerySettings, indem wir die Berücksichtigung der *pid* deaktivieren.

117

Jeder Eintrag in TYPO3 ist normalerweise einer Seite zugeordnet. Die ID dieser Seite wird in der *pid* gespeichert.

Da wir alle vorhandenen Highscore Daten auslesen wollen, ist es uns an dieser Stelle nicht wichtig, wo diese Daten abgelegt werden. In der Zeile 34 (Abb.: 91) teilen wir Extbase mit, dass wir nur einen Datensatz aus der Suchabfrage brauchen und führen schließlich die Datenbankabfrage in Zeile 35 (Abb.: 91) aus.

Sie wundern sich vielleicht, dass wir an keiner Stelle irgendeine Datenbankabfrage definiert haben. Wir haben keine Datenbankspalten selektiert und auch nicht gesagt, ob es sich um eine SELECT, UPDATE oder DELETE - Funktion halten soll.

Solange Sie nichts definieren, selektiert Extbase alle Datenbankeigenschaften und führt eine SELECT - Anweisung aus.

```
52   /**
53    *
54    * {@inheritDoc}
55    * @see \TYPO3\CMS\Scheduler\Task\AbstractTask::execute()
56    */
57   public function execute()
58   {
59       $this->init();
60       $latestHighscore = $this->highscoreRepository->findLatestHighscore();
61       $result = true;
62
63       if ($latestHighscore)
64       {
65           try {
66               $numberOfRescipients = $this->sendLatestHighscoreToAdmin(
67                                      $latestHighscore, 'info@slavlee.de');
68               $result = true;
69           }catch(\Exception $e)
70           {
71               $result = false;
72           }
73       }
74
75       return $result;
76   }
```

Abbildung 92: execute() - Funktion des LatestHighscoreTask

Nachdem wir die Abfrage zur Ermittlung der zuletzt gespeicherten Highscores abgesetzt haben, prüfen wir in der Zeile 63 (Abb.: 92) ob wir ein gültiges Ergebnis zurückgeliefert bekommen haben.

Wenn dies der Fall ist, dann versenden wir in der Zeile 66 bis 67 (Abb.: 92) eine E-Mail an den Admin.

Auch hier haben wir aus Layoutgründen die sendLatestHighscoreTo Admin Funktion auf zwei Zeilen aufgeteilt.

Die E-Mail Funktion: `sendLatestHighscoreToAdmin()` sieht wie folgt aus:

```
77-    /**
78      * Send latest highscore information to given email
79      * @param \Slavlee\Memory\Domain\Model\Highscore $inLatestHighscore
80      * @param string $inEmail
81      * @return mixed
82      */
83-    public function sendLatestHighscoreToAdmin($inLatestHighscore, $inEmail)
84    {
85        $mail = \TYPO3\CMS\Core\Utility\GeneralUtility::makeInstance('TYPO3\\CMS\\Core\\Mail\\MailMessage');
86        $bodyText = 'ID: ' . $inLatestHighscore->getUid();
87        $bodyText .= "\n";
88        $bodyText .= 'Username: ' . $inLatestHighscore->getUsername();
89        $bodyText .= "\n";
90        $bodyText .= 'Score: ' . $inLatestHighscore->getScore();
91
92        return $mail->setSubject('Latest Highscore')
93            ->setFrom(array('info@slavlee.de' => 'Slavlee'))
94            ->setTo([$inEmail])
95            ->setBody($bodyText)
96            ->send();
97    }
98 }
```

Abbildung 93: Mailversand via Extbase, memory/Classes/Task/LatestHighscoreTask.php

Diese Funktion erwartet zwei Eingangsparameter:

1. `$inLatestHighscore`   (Letzter Highscore)
2. `$inEmail`   (Empfänger E-Mail)

Der Mailversand wird über die TYPO3 CMS eigene Mailklasse: TYPO3\CMS\Core\Mail\MailMessage umgesetzt. Ein Objekt dieser Klasse wird in Zeile 85 (Abb.: 93) erstellt.

In den Zeilen 86 bis 90 (Abb.: 93) wird der Mail Text in einem String gespeichert. Der Mail Text besteht aus den Kerndaten des Highscore Objektes:

1. ID
2. Benutzername
3. Score

In den Zeilen 92 bis 96 (Abb.: 93) wird über „Method chaining" folgende Dinge ausgeführt:

1. Latest Highscore als Betreff setzen.
2. Empfänger: Slavlee<info@slavlee.de>setzen
3. E-Mail Inhalt übergeben
4. Mail verschicken

„Method chaining" ist ein bekanntes Verfahren indem Klassenfunktionen jeweils die aktuelle Instanz zurückgeben. Dadurch lassen sich mehrere Funktionen hintereinander in der folgenden Art und Weise aufrufen:

```
$mail->setSubject('Latest Highscore')
->setFrom(array('info@slavlee.de' => 'Slavlee'))
->setTo([$inEmail])
->setBody($bodyText)
->send();
```

Ohne „Method chaining" würden die Aufrufe wie folgt aussehen:

```
$mail->setSubject('Latest Highscore');
$mail->setFrom(array('info@slavlee.de' => 'Slavlee'));
$mail->setTo([$inEmail]);
$mail->setBody($bodyText);
$mail->send();
```

Damit der Scheduler Task gefunden werden kann und auch in der Auswahl im Scheduler erscheint, müssen wir einen Eintrag in der ext_localconf.php vornehmen:

```
//Scheduler Tasks
$GLOBALS['TYPO3_CONF_VARS']['SC_OPTIONS']['scheduler']
['tasks']['Slavlee\Memory\Task\LatestHighscoreTask'] = array(
    'extension' => $extKey,
    'title' => 'LLL:EXT:memory/Resources/Private/Language/locallang_scheduler.xlf:
            scheduler.latesthighscore.title',
    'description' => 'LLL:EXT:memory/Resources/Private/Language/locallang_scheduler.xlf:
            scheduler.latesthighscore.description',
);
```

Abbildung 94: Registrierung eines Scheduler Task, memory/ext_localconf.php

Beachten Sie, dass aus Gründen des Layouts für dieses Buch ein Umbruch nach der Endung: „.xlf:" gemacht werden musste.

Extension - Entwicklung mit Typo3 CMS V8.7.x

Innerhalb der PHP – Datei ist der String-Wert in einer Zeile. Das Schema sieht dann wie folgt aus:

„...locallang_scheduler.xlf:scheduler.latesthighscore..."

Anschließend ist der Task im Scheduler auswählbar und wir können ihn mit folgenden Einstellungen zum Test erstellen:

Disable

☐

Class

Memory: Send latest highscore (memory)

Type

Recurring

Task group

Start (HH:MM DD-MM-YYYY)   **End (HH:MM DD-MM-YYYY)**

05:38 01-10-2017   📅

Frequency (seconds or cron command)

0 0 * * *

Allow Parallel Execution

☐

Description

Abbildung 95: Konfiguration Scheduler Task für den Mailversand

Für unser Beispiel wollen wir den Task manuell anstoßen. Dazu müssen wir auf das Play-Symbol klicken:

Scheduled tasks

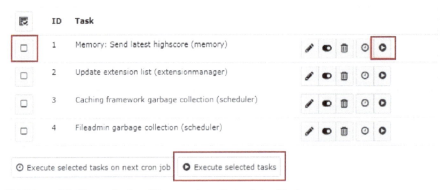

Abbildung 96: Manuelle Ausführung eines Scheduler Task

KAPITEL 7
Backend Modul

Sie haben schon mit Backend Modulen gearbeitet. Allein in diesem Kurs sind Ihnen mehrere begegnet. Wenn Sie sich in TYPO3 Backend einloggen, dann sind alle Menüpunkte auf der linken Seite Backend Module.

7.1 Erstellung via Extension Builder

Wir haben bereits mit dem Extension Builder ein Backend Modul für unser Memoryspiel erstellt. Nun wollen wir es im TYPO3 Backend auf der linken Seite einblenden. Dabei können wir entscheiden, ob wir es unter einer der vorhandenen Kategorien einsortieren wollen oder eine neue erstellen.

Das Modul als Backend Modul zu registrieren erfolgt in der ext_tables.php Datei:

```php
if (TYPO3_MODE === 'BE') {

    \TYPO3\CMS\Extbase\Utility\ExtensionUtility::registerModule(
        'Slavlee.Memory',
        'tools', // Make module a submodule of 'user'
        'highscore', // Submodule key
        '', // Position
        [
            'Highscore' => 'leaderboard'
        ],
        [
            'access' => 'user,group',
            'icon'   => 'EXT:' . $extKey . '/Resources/Public/Icons/user_mod_highscore.svg',
            'labels' => 'LLL:EXT:' . $extKey . '/Resources/Private/Language/locallang_highscore.xlf',
        ]
    );
}
```

Abbildung 97: Registrierung eines Backend Moduls, memory/ext_tables.php

7.1.1 Anzeige der Highscore Daten

Unser Backend Modul zeigt die letzten 10 Highscore Daten an. Das Backend Modul sieht wie folgt aus:

```php
HighscoreController.php
1  <?php
2  declare(strict_types=1);
3  namespace Slavlee\Memory\Controller;
4
5  use TYPO3\CMS\Extbase\Utility\LocalizationUtility;
6
7  /**
8   *
9   * This file is part of the "Memory" Extension for TYPO3 CMS.
10  *
11  * For the full copyright and license information, please read the
12  * LICENSE.txt file that was distributed with this source code.
13  *
14  *  (c) 2017 Kevin Chileong Lee <support@slavlee.de>, Slavlee
15  *
16  ***/
17
18 /**
19  * CardsController
20  */
21 class HighscoreController extends \TYPO3\CMS\Extbase\Mvc\Controller\ActionController
22 {
23     /**
24      * highscoreRepository
25      *
26      * @var \Slavlee\Memory\Domain\Repository\HighscoreRepository
27      * @inject
28      */
29     protected $highscoreRepository = null;
30
31     /**
32      * action list
33      *
34      * @return void
35      */
36     public function leaderboardAction()
37     {
38         $highscores = $this->highscoreRepository->findAll();
39
40         if ($highscores->count() == 0)
41         {
42             $this->addFlashMessage(LocalizationUtility::translate(
43                 'module.highscore.no_entries', $this->extensionName), '',
44                 \TYPO3\CMS\Core\Messaging\AbstractMessage::NOTICE
45             );
46         }
47
48         $this->view->assign('highscores', $highscores);
49     }
50 }
```

Abbildung 98: HighscoreController,
memory/Classes/Controller/HighscoreController.php

Der Quellcode des Backend Moduls ist sehr einfach aufgebaut. In der Zeile 38 (Abb.: 98) werden alle Datensätze des Highscore

124

Models ausgelesen. Zwischen den Zeilen 40 und 45 (Abb.: 98) wird geprüft, ob es Einträge gibt. Falls nicht wird ein entsprechender Hinweistext (FlashMessage) erzeugt. Die FlashMessages werden dann im Browser ausgegeben. Diese müssen nicht explizit der View übergeben werden, dass wird von Extbase automatisch übernommen, man muss lediglich den zugehörigen Fluid *Tag* im Template platzieren: `<f:flashMessages />`

Zu guter Letzt wird in der Zeile 48 (Abb.: 98) die Variable: `$highscore`, die im Idealfall alle Datensätze enthält, der View übergeben.
Die zugehörige Template Datei finden Sie unterhalb von:
memory/Resources/Private/Backend/Templates/Highscore/Leaderb oard.html und sieht wie folgt aus:

```
HighscoreController.php        Leaderboard.html

  1
  2  <f:layout name="Default" />
  3
  4  This Template is responsible for creating a table of domain objects.
  5
  6  If you modify this template, do not forget to change the overwrite settings
  7  in /Configuration/ExtensionBuilder/settings.yaml:
  8     Resources:
  9       Private:
 10         Templates:
 11           List.html: keep
 12
 13  Otherwise your changes will be overwritten the next time you save the extension in the extension builder
 14
 15  <f:section name="content">
 16      <h1><f:translate key="module.highscore.leaderboard" /></h1>
 17
 18      <f:flashMessages />
 19
 20      <table class="tx_memory table table-striped" >
 21          <tr>
 22              <th><f:translate key="module.highscore.rank" /></th>
 23              <th><f:translate key="tx_memory_domain_model_highscore.username" /></th>
 24              <th><f:translate key="tx_memory_domain_model_highscore.score" /></th>
 25          </tr>
 26
 27          <f:for each="{highscores}" as="highscore" iteration="iterator">
 28              <tr>
 29                  <td>{iterator.cycle}</td>
 30                  <td>
 31                      <f:if condition="{highscore.username}">
 32                          <f:then>
 33                              {highscore.username}
 34                          </f:then>
 35                          <f:else>
 36                              <f:translate key="module.highscore.no_username" />
 37                          </f:else>
 38                      </f:if>
 39                  </td>
 40                  <td>{highscore.score}</td>
 41              </tr>
 42          </f:for>
 43      </table>
 44  </f:section>
```

Abbildung 99: Leaderboard Template,
memory/Resources/Private/Backend/Templates/Highscore/Leaderboard.html

125

Die Templates von Backend Modulen in Extbase sind den Frontend - Plugins sehr ähnlich. Backend Module Templates haben jedoch andere Template, Partials und Layout Dateien. Diese befinden sich in unserer Extension im Ordner:

`memory/Resources/Private/Backend`.

In der Zeile 2 wird dementsprechend das Default - Template der Backendmodule ausgewählt. Dann enthält unser Backend Modul eine Überschrift, Flashmessages und eine Tabelle mit den Highscore Daten. Die Tabelle hat 3 Spalten: Platzierung, Benutzername und Scorewert.

Es sollte zwar nicht vorkommen, aber in der Zeile 31 (Abb.: 99) wird zunächst geprüft, ob der Benutzername vorhanden ist. Wenn nicht, dann wird anstatt eines Leerstrings ein alternativer Text: "Unknown user" angezeigt.

Für die Anzeige der Platzierung nutzen wir den *Iterator* aus. Jede foreach - Schleife in Fluid hat einen sogenannten *Iterator*.
Ein *Iterator* wird oft in Klassen genutzt, die wie eine Liste durchlaufen werden können. Er hält alle nötigen Informationen des aktuellen Durchlaufs. In unserem Fall nutzen wir die Information der Eigenschaft: *cycle* aus. Diese Eigenschaft speichert die Anzahl des aktuellen Durchlaufes. Im Gegensatz zu der Angabe: *key*, also den Schlüssel des Arrays, fängt hier die Zählung bei 1 an.

Nun können wir das Backend Modul aufrufen und die Highscore Daten werden angezeigt.

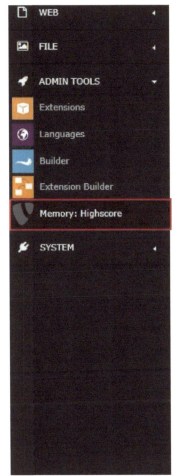

Leaderboard

#	Username	Score
1	slavlee	440
2	slavlee	440
3	fdfsdf	440
4	abcd	440
5	slavlee	440
6	slavlee	440
7	slavlee	440
8	slavlee	374
9	Guest	326
10	<Unknown user>	326
11	slavlee	326
12	slavlee2	326
13	slavlee2	326
14	slavlee2	326
15	slavlee2	326
16	111	326
17	Guest	263
18	dsdasd	263

Abbildung 100: Anzeige des Leaderboard Backend Modul

Wir sehen alle Highscoredaten die sich in der Datenbank befinden. Diese werden in einer HTML Tabelle dargestellt mit den von uns in Fluid angegeben Spalten: Rang, Username und Score.
Die Sortierung folgt der Standardsortierung, welche wir im Highscore Repository angegeben haben.

KAPITEL 8
Erweiterte Themen

8.1 Nützliche Quellen

Dieser Kurs hat Ihnen hoffentlich einen erfolgreichen Start in die Extension - Entwicklung mit Extbase für TYPO3 V8.7.x geliefert. Um das Thema weiter zu vertiefen kann ich Ihnen folgende kostenfreie Quellen empfehlen:

8.1.1 https://api.typo3.org/

Die offizielle API für TYPO3 ist die beste Anlaufstelle. Ergänzend dazu eignet sich auch die offizielle Dokumentation:
https://docs.typo3.org/
Nur dort bekommen Sie valide Informationen mit Erklärungen und Codebeispielen die ausdrücklich empfohlen werden.

Auch wenn das Lesen von Application Programming Interfaces (API) zu Beginn etwas umständlich und ungewöhnlich ist, ist es wichtig sie zu lernen. Denn das Nachschlagen innerhalb von API's und Dokumentationen gehört zum Tagesgeschäft eines jeden Programmierers.

8.1.2 http://www.slavlee.de/

Das ist meine Webseite, auf der ich regelmäßig Quicktips und Tutorials als auch weitere Schulungen zum Thema: TYPO3 Extensions veröffentliche. Einige davon auch kostenfrei.

Ich achte stets darauf die Best Practices einzuhalten und veröffentliche nur Lösungen für die aktuellste TYPO3 Version. Als zusätzliches Features können Sie mich jederzeit kontaktieren und ich versuche Ihnen so gut wie möglich zu helfen.

Ich empfehle Ihnen nach Tags zu suchen, z.B.:
http://www.slavlee.de/component/tags/tag/typo3.html
http://www.slavlee.de/component/tags/tag/quicktip.html

8.1.3 https://www.google.de

Die naheliegende Quelle ist wohl die Suchmaschine. Jedoch sind
die dortigen Funde immer mit Vorsicht zu genießen. Man findet oft
Foreneinträge von unerfahrenen Programmierern und somit
Lösungen die nicht immer zu den Best Practise gehören. Des
Weiteren sind viele Lösungen nur für ältere Typo3 Versionen gültig.
Ich empfehle Ihnen daher zumindest die Suchergebnisse auf das
Jahr zu filtern:

Abbildung 101: Google Filter

Achten Sie darauf, keine Klassen und Funktionen zu nutzen die
veraltet sind. Dies können Sie in der API nachlesen.

8.1.4 Facebook Gruppen

Facebook ist ebenfalls eine gute Informationsquelle. Die Facebook
Gruppen sind heutzutage die neuen Newsgroups. Man muss sich
jedoch in den richtigen Gruppen bewegen um auch qualifizierte Hilfe
zu bekommen.
Ich kann folgende Facebook Gruppen empfehlen, da sich dort auch
Extensions Autoren miteinander austauschen:

- https://www.facebook.com/groups/typo3/
- https://www.facebook.com/groups/250938618364487/

129

8.2 Behind the Scenes

Das spannende in der Programmierung ist, dass man immer wieder vor Herausforderungen steht. Selbst wenn man Komponenten programmiert die man schon x-mal gemacht hat.
In diesem letzten Kapitel möchte ich Ihnen meine Herausforderungen des Memoryspiels vorstellen und ein paar Worte darüber verlieren, wie ich diese angegangen und letztendlich gelöst habe.

Fehler im aktuellen Extension Builder

Die Fehler die der Extension Builder aktuell erzeugt waren vor kurzem noch kein Thema. Erst bei der Erstellung des Kurses sind diese aufgetreten. Die Vorgehensweise wie man diese behebt, bin ich mit Ihnen in diesem Kurs durchgegangen.
Das zeigt sehr gut meine Vorgehensweise in der Fehlerbehebung. Es ist immer hilfreich sich den Stacktrace der Fehlermeldungen anzuschauen, also der Verlauf der Funktionsaufrufe die zum Fehler führten. Sehr oft werden dort ganz konkrete Hinweise gegeben, wo der Schuh drückt.
Ein Blick in die PHP Log ist ebenfalls lohnenswert. Das gilt insbesondere für Liveumgebungen, wo die Fehlerausgabe unterdrückt sein sollte.
In TYPO3 lässt sich dieses Problem umgehen, indem man die Fehlerausgabe an seine IP koppelt. Dazu gehen Sie in das Install Tool unter:

1. Configuration Presets
2. Debug settings

und tragen unter *devIPmask* Ihre IP Adresse ein.

```
) AbstractEidController.php    GameEidController.php

 69    ............................................................................/
 70    /*.........................................................................
 71     * eID Calls - START
 72    ............................................................................/
 73    /**
 74     * AJAX: POST Request save highscore
 75     * @param \TYPO3\CMS\Core\Http\ServerRequest $request
 76     * @param \TYPO3\CMS\Core\Http\Response $response
 77     * @return void
 78     */
 79    public function saveHighscore( \TYPO3\CMS\Core\Http\ServerRequest $InRequest,
 80                                   \TYPO3\CMS\Core\Http\Response $InResponse)
 81    {
 82        $PostData = GeneralUtility::_POST('tx_memory_game');
 83
 84        if (is_array($PostData) &&
 85            array_key_exists('highscore', $PostData) &&
 86            is_array($PostData['highscore']) &&
 87            array_key_exists('score', $PostData['highscore']) &&
 88            array_key_exists('username', $PostData['highscore']) &&
 89            array_key_exists('pid', $PostData))
 90        {
 91            // init eid
 92            $this->initialize(intval($PostData['pid']));
 93
 94            $newHighscore = $this->objectManager->
 95                                 get('Slavlee\\Memory\\Domain\\Model\\Highscore');
 96            $newHighscore->setUsername($PostData['highscore']['username']);
 97            $newHighscore->setScore($PostData['highscore']['score']);
 98            $newHighscore->setPid($PostData['pid']);
 99            $this->highscoreRepository->add($newHighscore);
100            $this->persistenceManager->persistAll();
101            echo json_encode([
102                'state' => 'success'
103            ]);
104        }else
105        {
106            echo json_encode([
107                'ErrorCode' => ErrorCodeStruct::ERROR_CODE_CRITICAL,
108                'State' => 'error',
109                'RawData' => json_encode($PostData)
110            ]);
111        }
112    }
```

Abbildung 73: Algorithmus der saveHighscore als eID - Funktion, memory/Classes/Controller/Eid/GameEidController.php

Diese Funktion wird als POST - Request gesendet. Wir lesen den erwarteten Requestparameter: tx_memory_game in der Zeile 84 - 89 (Abb.: 73) aus und prüfen in der IF - Anweisung, ob alle benötigten Daten vorhanden sind. Der Request Parameter ist ein Array und enthält ein weiteres Array auf dem Index: highscore.

Es handelt sich hier um ein assoziatives Array. In einem assoziativen Array können die Schlüssel aus Strings bestehen.

In diesem assoziativen Array sind die Werte des Highscore Models

- username
- score
- pid

vorhanden.

Sind alle Pflichtdaten vorhanden initialisieren wir sie in Zeile 92 (Abb.: 73) mit der selbsterstellten Funktion:

```
$this->initialize(intval($postData['pid']);
```

Diese Funktion ist in der abgeleiteten Klasse definiert. Da innerhalb eines eID - Requests viele Prozesse in Extbase nicht mehr ausgeführt werden, wir diese Funktion zur Speicherung der Daten jedoch benötigen, müssen wir die notwendigen Prozesse selbst anstoßen.
Dazu erstellen wir die abstrakte Klasse:

```
\Slavlee\Memory\Controller\Eid\AbstractEidController
```

Schauen Sie sich diese Klasse einmal in Ruhe an.

Diese gelöschten Datensätze müssen nicht für die Ewigkeit vorgehalten werden. Es ist sinnvoll die Datenbank davon zu befreien. Das lässt sich über diesen Task erledigen.

Ich empfehle diese Datensätze einmal im Jahr aus der Datenbank zu entfernen, da es immer wieder vorkommt, dass Datensätze irrtümlicherweise gelöscht werden und wiederhergestellt werden müssen. Die Konfiguration sieht wie folgt aus:

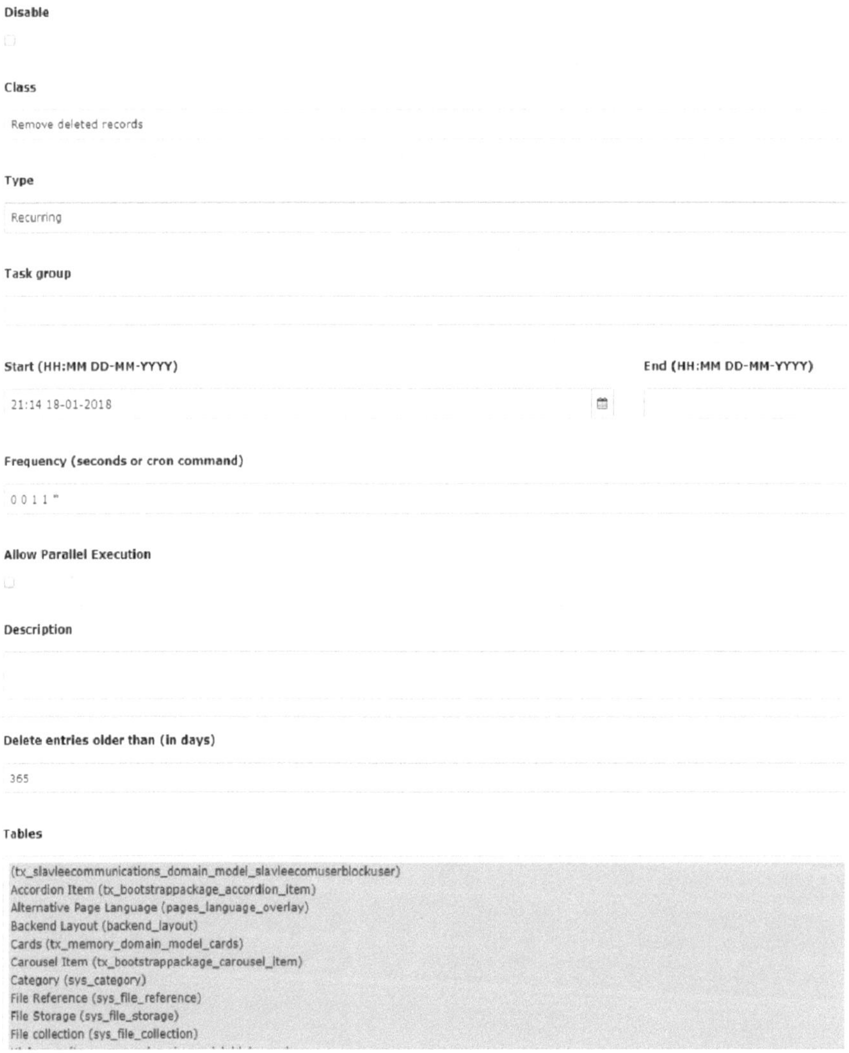

Disable

☐

Class

Remove deleted records

Type

Recurring

Task group

Start (HH:MM DD-MM-YYYY)   **End (HH:MM DD-MM-YYYY)**

21:14 18-01-2018   📅

Frequency (seconds or cron command)

0 0 1 1 *

Allow Parallel Execution

☐

Description

Delete entries older than (in days)

365

Tables

```
(tx_slavleecommunications_domain_model_slavleecomuserblockuser)
Accordion Item (tx_bootstrappackage_accordion_item)
Alternative Page Language (pages_language_overlay)
Backend Layout (backend_layout)
Cards (tx_memory_domain_model_cards)
Carousel Item (tx_bootstrappackage_carousel_item)
Category (sys_category)
File Reference (sys_file_reference)
File Storage (sys_file_storage)
File collection (sys_file_collection)
```

Abbildung 82: Remove deleted records

6.2.3 System Status Report

Der System Status Report führt diverse Prüfungen durch die die
Gesundheit des Systems feststellen. Dieser Task sollte täglich
durchgeführt werden, um Probleme kurzfristig zu erkennen und
beseitigen zu können.

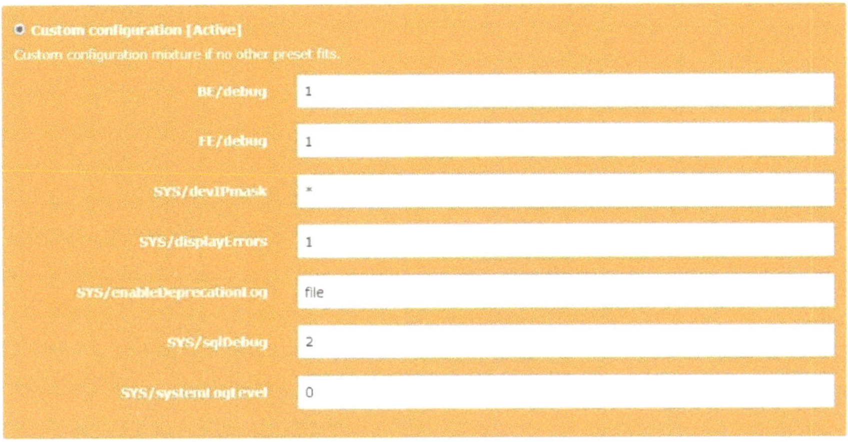

Abbildung 102: Custom Configuration im Install Tool

8.2.1 Ausgabe der Bilder in Fluid

Ein weiteres kleines Hindernis war die Ermittlung des Bildpfades für die Karten. In der Erstversion hatte ich fälschlicherweise bei der Anzahl der Bilder für die Eigenschaft: *card* auf 9 gestellt. Ursprünglich wollte ich 9 Karten für das Memoryspiel haben, weil ich das Format 3 Spalten, 3 Reihen mag. Dabei hatte ich nicht berücksichtigt, dass eine gerade Anzahl an Karten notwendig ist. Der zweite Gedankenfehler war, dass die Karten im Ganzen Spiel 9 sein sollten. Das Card - Model und die Eigenschaft: *card* bezieht sich jedoch auf eine Einzelkarte. Diese Gedankenfehler führten dazu, dass ich im Template der Board.html nicht via *card.card.uid* an die ID des Datensatzes herankam.
Leider kam es zu keiner Fehlermeldung. Die Bilder wurden einfach nur nicht angezeigt.

Aus der Erfahrung wusste ich, dass wenn Fluid ein Tag nicht anzeigt bzw. nicht richtig umsetzt, dann findet Extbase etwas nicht. Da es sich um ein Bild handelte, musste also mit dem Datensatz etwas nicht stimmen. Deshalb kontrollierte ich als erstes die Variable: `$cards`.
In Extbase gibt es die Möglichkeit Variablen auszugeben. Innerhalb des Controllers geht das über die PHP Funktion: `debug()`.

Innerhalb von Fluid lässt sich das ebenfalls mit dieser Funktion ausführen:

```
<f:debug>{cards}</f:debug>
```

Solange die Debug Einstellungen aktiviert und bei *devIPMask* die eigene IP Adresse oder "*" (ohne "") steht, liefert TYPO3 detaillierte Ausgaben der Variablen.

Bei Objekten ist es wichtig, dass diese die `__toString()` - Funktion implementiert haben, denn diese Funktion wird aufgerufen, wenn man Objekte der Debug Ausgabe überliefert. Sonst kommt es auch hier zu einer weiteren Fehlermeldung.

Stichwortverzeichnis

Danksagung

Ich danke meiner Frau für die liebevolle Unterstützung, nicht nur bei diesem Buch, sondern auch bei meinen gesamten Unternehmungen. Nichts motiviert mich mehr als deine Gegenwart. Ich liebe dich.

Außerdem danke ich Ihnen für Ihr Vertrauen. Ich hoffe Sie können einiges Mitnehmen und leichter den Einstieg in die Programmierung von TYPO3 Extensions finden.
Falls Sie Probleme, Fragen oder sonstige Anregungen haben, dann zögern Sie nicht und kontaktieren mich. Ich werde versuchen alle Unklarheiten zu beseitigen und ergänze sehr gerne diesen Kurs um weitere Informationen.

Ich danke ebenfalls Amazon für diese großartige Gelegenheit dieses Buch im Selbstverlag zu veröffentlichen und damit möglichst vielen Menschen den Einstieg in Extbase und Fluid zu erleichtern.

www.ingramcontent.com/pod-product-compliance
Lightning Source LLC
LaVergne TN
LVHW012316070326
832902LV00004BA/77